歴史文化ライブラリー

46

番茶と日本人

中村羊一郎

吉川弘文館

目次

行為のお茶と、モノとしてのお茶

行為のお茶

お茶という言葉は、日常茶飯という成語を引っ張り出すまでもなく、毎日の暮らしにあまりにも深く根づいており、さまざまな場面で使われている。たとえば、こんなふうな表現はどこでも聞くことができる。

①　お茶をなさいますの？

②　お茶にしませんか？

③　お茶する？

同じお茶でも、それぞれの意味はみな違う。①は、茶道をたしなむ上品そうな婦人にふさわしく、②は、仕事中、少し休もうというときに同僚にかける言葉、③は、ＯＬが友達と喫茶店に行こうという時、あるいは若い男がナンパする時の誘い言葉、といったらよいだろうか。

「お茶」というひとことが、じつはたくさんの意味をもち、しかも世代や社会的な立場で使い分けられているのである。ところが、お茶とはいいながら、本物のお茶が不可欠なのは①だけで、あとはお茶という言葉が、象徴的に使用されているだけである。しかも、①にしても、その中で実際に使用されるお茶は少量の抹茶であり、むしろその周辺のさまざまな道具やしつらえ、雰囲気がきわめて大きな役割を果たしている。つまり、こうした日常会話の中で使われる「お茶」は、単なる飲み物としてよりも、お茶という言葉を借りた特別な「行為」、それもある目的をもって結果的に人と人とを結びつけることになる行為を示すものなのである。

モノとしてのお茶

しかし、こうした「行為」は、もともとお茶という「モノ」を喫することから始まっている。つまり、②でいえば、お茶を飲むこと、あるいは茶の子というような簡単な食品を食べることから休憩の意味が生じたと考えられるし、③も同様な背景をもつ。そこで使用されたお茶が、茶道では抹茶であることはさきにも触れたが、②③の場合は、どんな種類だったのだろうか。

いま日本において全国規模の商品として生産されている茶は、抹茶（茶道に使う粉末の茶）、煎茶《せんちゃ》（急須を用いてだすもっともポピュラーな茶）の二種類である。しかし、煎茶が現在のように、蒸した葉を揉みながら乾燥させた結果として、鮮やかな緑色のお茶として飲めるようになったのは、たかだか江戸時代の中頃過ぎのことである。しかも、一般の人々にこうした高級な煎茶が普及していったのは、幕末に茶が外国貿易の主要輸出品となって品質の向上がはかられ、生産高が急激に伸びてからだ。では、行為としての茶をうみだすことになる、モノとしての茶、すなわち、高級煎茶普及以前に一般庶民が利用していたのは、どんなお茶だったのだろうか。

番茶の世界

全国には、まったくの自家用か、あるいはごく狭い市場だけで流通している番茶と呼ばれるお茶がある。番茶の語源は明確ではない。一説に、その年の最初のもっともよい芽で作る新茶（一番茶）に対し、その後で出てきた芽を摘んだ茶を二番茶、三番茶というため、この品質が低下した茶を番茶と言うようになったとか、遅く摘む茶、すなわち晩のお茶、晩茶であるなどと解釈されている。お茶の本場である静岡で番茶といえば、規格外の安いお茶という意味であって、こうした説明からもわかるように、番茶とは品質の劣った低級なお茶ということになっている。ところが、さきに見たように高級な煎茶の歴史は浅い。ということは、このように現在は地方でほそぼそと作られているお茶、つまり番茶こそ、製茶の技術革新以前の姿を留めたものであり、モノとしてのお茶の本来の姿ではなかったろうか。

本書は、このモノとしてのお茶、すなわち番茶に徹底的にこだわってみる。日本各地の番茶の産地を訪れ、さまざまな製法や利用法を実地に見ていくと、庶民の生活に根ざした番茶の文化ともいうべき存在に気がつく。番茶を結納の印として聟《むこ》方から嫁方に贈る地方もあれば、反対に結婚式には茶を忌む地方も多い。しかも、お茶は飲むだけではなく、茶《ちゃ》粥《がゆ》のように、調理のベースにも使用されている。さらに中国西南部の少数民族、タイやラオスの北部、ミャンマーに住む人々は、お茶の葉を漬物にして食べている。もちろん、そこには鍋や釜で炒《い》って作るお茶も広く存在する。こうした、お茶の変化に富んだ利用法は、お茶と人間との付き合いがいかに深いものであるかをあらためて実感させてくれる。そして、アジア諸地域との比較の目をもてば、番茶を共有する文化の存在にも考えが及んでいこう。

お茶を通じての文化比較

茶の文化を、「行為」の背景にある精神性の面だけからとらえようとすると、日本においてはそれが直ちに茶道の文化を意味してしまい、結局は日本の歴史的な特性とか日本人の精神文化の特色という部分に収斂《しゅうれん》してしまうことが多かった。しかし、モノとしての茶に関わること、すなわち加工法、利用の仕方、贈答の意義などを追究していくことは、ひろく茶を利用しているアジアの諸民族との比較を同一視点で展開する道を開くことになる。逆にいえば、日本も茶の文化が分布するアジアの一地域であるという認識が生まれるということである。その上にたって、さまざまな「行為」としての茶が、どのように生じてくるのかを、あらためて考えることで、茶の文化を今よりもはるかに広くかつ深くとらえることができるはずである。その核となるのが、まさに庶民の茶というべき番茶なのである。

まずは、日本の番茶を訪ねる旅から始めることにしよう。

番茶をもとめて

干すだけ、あるいは火で炙るだけの番茶

越前河合の番茶

福井県勝山市河合《こうご》。福井県の西端にあって加賀白山や飛騨の白鳥にも近い標高三〇〇メートルのこの集落は、勝山方面から白山の白峰村へ通じる道沿いに位置する。かつて九尺道《きゆうしやくみち》と呼ばれたその道を牛首の方まで馬車が通ったものだったという。米は自給できる程度には収穫できるが、冬場の雪のせいもあって、三十数軒あった家も今は一七軒に減っている。ちょうど東側にそびえる取立山（一三〇〇メートル）に雪が降り、やがて反対側の笠岩が白くなると、次はこの河合にも雪が来て、年内には根雪となる。

斎藤はるさん（大正十年生まれ）は、稲の刈り入れなど、雪の前の仕事がすべて終わっ

た天気のいい日、番茶を作ることにしている。田んぼのクロに生えている茶の枝を鎌で切取り、大きな束にして家に持ち帰ると、シューリと称して、枝にからまっている蔓草などをはらい、葉のついたまま長さ三〇センチほどに切り揃えて小束《こたば》をつくる。ここまでが午前中の仕事。その晩、小束の中央を藁でくくりながら七つを一連として編みあげておき、翌日、二階の軒下のよく陽のあたる場所に竿を渡してこれらを吊るす。

図1　陰干しするため，生の葉を束ねる
（福井県勝山市河合）

そして翌年の一月半ば、雪があがった天気のよい日に、カラカラに乾いた茶をおろす。押切で長さ三センチほどに裁断し、あらかじめ同じような大きさに切っておいたネブチャ（カワラケツメイ）と混ぜ、鍋に入れてよく焙《ほう》じる。これで番茶の出来上がりとなる。飲む時には、晒《さらし》で作った茶袋に一つかみ入れ、薬缶《やかん》で煮出せばよい。香ばしい香りとサラッとした味わいのお茶が飲める。

平成八年には十一月八日に茶を刈り、一三連を軒下に吊るした。これだけあれば、一年間もつという。もともとは、ネブチャを混ぜることはなかったようで、すぐ隣の木根橋《きねはし》という集落でも、今から三〇年ほど前までは、茶の枝だけを材料に同じ方法で番茶を作っていた。今でもこんな昔風のお茶を作っているのは、近辺では斎藤さんの家だけになってしまったらしい。

各地の陰干し番茶

いかにも簡単な、そして奇妙なお茶だと思われるかもしれない。しかし、このような番茶のつくりかたは、けっして珍奇なものではなかった。鳥取県気高《けたか》郡鹿野《しかの》町でも、ほとんど同じ方法で作っていたし、さらに西に行った島根県仁多郡横田町大呂《おおろ》にも、同様な番茶がある。松江市から自動車でそこに向かった時、亀嵩《かめたか》という所があったので、アッと思った。松本清張の推理小説、『砂の器』の中で、東北地方にそっくりな方言があることで作品の重要なポイントになった場所である。大呂はそのすぐ近くだった。冬には積雪を見る山間農村である。宮田静子さん（大正元年生まれ）が近年まで作っていた番茶の製法は、十月末から十一月初め、茶の木に花がついた頃に鎌で一五チセンほどに枝を刈り取り、中央を縄で縛って簾《すだれ》状にして軒下に長く吊るして陰干しにする。そのあと、押切で長さ四、五チセンに細かく切って袋やカマスに入れて長屋の二階に保存しておき、使う時に鍋《なべ》で炒《い》るという。同県の安来市大塚でも同様に作っていたという話を聞いた。出雲地方では、こうして作った番茶を煮出して、ボテボテ茶という独特な飲み方をするのだが、それはあとで触れることにしたい。

四国の山間部にもよく似た陰干しの番茶があった。香川県仲多度郡琴南《ことなみ》町下福家《しもふけ》の竹地弘さん（大正十一年生まれ）によると、ここでも普通の釜炒り茶を作っていたが、三番茶を摘んだあと、それとは別に茶の花と茶葉とを一緒に摘み取り、そのまま一ヵ月ほど陰干しにし、これを煮出して利用していたのである。このお茶を煮出し、ボテ茶といって茶筅《ちゃせん》で泡をたて、その泡の上に麦焦《むぎこ》がしを載せて食べる。

このように茶葉に何の手も加えずにそのまま乾燥させてから利用するという方法は、地域的にいうと北陸から山陰地方の山間地域を中心に点々と残っていて、四国や九州の山間地にも見られる。茶のもっとも原始的な利用法として位置づけられると思う。そして、この方法は、茶を人間の生活にはじめて取り入れたといわれる中国の伝説の主人公、神農の逸話にも通じるところがある。神農は、山野のあらゆる植物を自ら口にしてその有用性を確認したが、その際の解毒剤として常に茶を噛んだという。茶を乾燥して保存しておき、必要に応じて煎じ出す、というのは薬草の利用法そのものである。さきの河合の隣村で、軒下に大根の葉をたくさん吊るしてある家があった。乾燥させてから風呂に入れると体によい、というのである。熱処理を加えないまま乾燥させるという茶は、文字通りの煎じ薬の一種として利用され始めた初期の姿を留めるものではないかと思われる。

そして、さらに重要なことは、この茶は煮出して「飲む」だけでなく、その汁を利用して何かを「食べる」という点にも、九州を除いては共通するものがあることだ。後に詳しく触れるが、麦焦がしを茶のだし汁でかく方法や、ボテボテ茶とかボテ茶などと呼ばれる、番茶を利用した穀物の食べ方がそれである。茶と食べ物との深い関係が、こうした素朴な茶において顕著に見られるという点に、注目しておきたい。

焼き茶

ここでもうひとつ、きわめて素朴な利用法を紹介しておこう。それは、地域によっては焼き茶と呼ばれる。山野において茶葉の用意がなかった時、身近な茶の枝を折り取って焚き火で炙《あぶ》り、薬缶で煮出す方法である。林業者の間では今でも当たり前のように行われているのだが、当たり前であるだけに当事者にとっては何も意識することはないし、市井に住む人の目にはとまらない。民族学者からは、大陸の少数民族の間のきわめて素朴な利用法だという報告があるが、じつは自らの足元でも行われていたのであった。さらに、静岡県周智郡水窪《みさくぼ》町大嵐《おおぞれ》という標高七〇〇㍍ほどの高地集落にいた明治三十年代生まれのおばあさんは、客が来ると茶の枝を折り取り、そのまま囲炉裏の火で炙って薬缶で煮出して出してくれたという。この方法に少し手を加えると、葉を一枚ずつ竹串にさし囲炉裏の火で炙って煮出すというふうになる。焼き畑地帯でこうした方法がみられたという点とあわせて注目しておきたい。

この焼き茶という素朴な茶葉利用法と、日干し茶との違いは、即席で利用するか、保存して随時利用するかという違いである。ともに、茶利用のスタート地点といえよう。

蒸す、あるいは煮て作る番茶

冬に作る寒茶

愛知県東加茂郡足助《あすけ》町は、香嵐渓という紅葉の名所としても知られる。この香嵐渓に三州足助屋敷というユニークな観光施設がある。ここの特色は、地域の伝統品を作る工房を配置し、そこで地元の人がモノを作りながら来場者の求めに応じている点である。私が訪れた六年ほど前には、園内の茶店で出してくれたお茶が、この土地独特の「寒茶」であった。文字通り、一年でもっとも寒いと言われる寒中に作るお茶である。五月の新茶というイメージからはあまりにもかけ離れている足助の寒茶の作り方を、工房の一角で炭を焼いていた大山鐘一さん（明治三十六年生まれ）から聞くことができた。

近くの東大見では、山に自生しているヤマチャの古株の枝を伐《き》って葉が付いている部分を煮え湯に入れる。赤く色が変わってきて、枝を振るうと葉が落ちるようになるまでゆでる。この葉をカリカリになるまで日向《ひなた》で干す。乾燥中、風に飛ばされないように笹竹の葉を落としたものを上にかぶせておく。近年は椎茸の乾燥機を使用する人もある。このお茶を飲む時は、薬缶の中にひとつかみ入れてそのまま煮出せばよい。大山さんは、五月の新芽で作ったお茶は、お客が来た時に出すもので、貧乏人は普段は番茶をガブガブ飲むものだ、普通のお茶は薬と一緒に飲んではいけないというが、番茶はかまわない、と説明してくれた。また、同町山ケ谷の村瀬ろくさん（明治三十四年生まれ）も、大山さんと同様に寒に伐った茶の枝を桶かブリキ缶に詰めて蒸し、天日にはあてずに屋内に敷物をしいた上に広げて乾燥させるという方法で寒茶を作った。天日にあてると臭くなるからだという。

このような寒茶という名称と製造時期、そして製法もほとんど同じ茶が四国にもある。徳島県那賀郡木沢村出羽や、その近くの上那賀町長安である。出羽では、十二月に入ってから山中のヤマチャの葉を丸坊主になるくらい全部摘み取り、釜でゆでて日に干すという。

製茶技術も、単純なものから複雑なものへと発達していくという常識的な道をたどると考えれば、この単に「煮たり、蒸したりして、干すだけ」という製茶法は、もっとも原始的な部類に属すといえよう。しかも、もうひとつ注目すべきは、製茶の時期である。葉がすっかり硬くなり、しかも新芽の香りもないこの時期に作るというのは、現代の常識とおよそかけ離れている。このことは、茶が、元来は時期を問わずに利用されていたことを示しているのではないか。その意味で、最初に紹介した日干し番茶や焼き茶に続いて古い時期の製茶方法を今に伝えるものではないかと考えられる。

蒸す技術

現在の煎茶の製法は、蒸しが非常に重視されているし、高級な抹茶ももちろん蒸して作る。つまり、茶葉の加熱処理にあたって「蒸し」という作業は、高級なお茶の製造と結びついているように見える。事実、日本の茶業史の大きな流れの中では釜炒りから蒸しへという展開が確かに見られる。ところが中国の茶の歴史を見ると、最初から蒸しの工程が入っている。唐の時代の餅茶《へいちゃ》という固形茶も蒸してから臼《うす》で搗《つ》いていた。中国で釜炒り製法が普及していくのは、明の時代になってからである。何よりも、釜炒りに必要な鉄鍋が普及していくのも、せいぜい西暦一〇〇〇年頃ではないかと推定されている。したがって、日本各地の番茶製法としてもっとも普遍的に見られる釜炒り製法は、一見単純で原始的に見えるが、日本における鉄鍋の普及度や中国製法からの影響であることを考慮すると、案外新しいのではないかと思われる。

さて、茶の湯に不可欠の抹茶というのは、簡単にいうと粉末のお茶という意味である。石臼で、一～五ミクロンという微細な粉末にされる前は、碾茶《てんちゃ》と呼ばれる。覆下《おおいした》といって日光を遮って育てた新芽を丁寧に摘んで蒸し、細心の注意をはらいながら和紙を貼った焙炉《ほいろ》の上で乾燥させる。それぞれの工程に高級品を仕上げるうえでの繊細な技術が駆使されるが、要するに、蒸して乾燥させた茶であることにかわりはない。それを粉末にして湯にとくというのは、利用法の一種である。となると、抹茶のもとになる碾茶そのものは、製茶技術の上から見ると意外に単純な位置にあるのである。

製茶に使用する道具の面からも蒸しの技術は古いということができる。だいたい食物を蒸して食べるという方法はもっとも単純な方法である。肉やイモをバナナの葉で包み、地面に埋めてその上で火をたけば蒸し焼きができる。道具すら不要なのである。茶葉を蒸すために必要な鍋だがこれは土器でじゅうぶんである。それに載せる甑《こしき》は木をくりぬいた筒の底に穴をあけた板をあて、下から蒸気を吹き上げさせればよいし、竹や固い樹皮を編んでも作ることができる。もちろん、土器でも可能だ。文献の上でも甑の歴史は古い。たとえば、『万葉集』の中の有名な「貧窮問答歌（八九二）」にも、貧家の状況を示す表現に、竈《かまど》には煙が立たず、甑にはクモの巣が張っている、とある。米の調理法にしても、もともと蒸して食べるのが古い方法だった。由緒ある神社の神饌《しんせん》に米を蒸したオコワが必ず登場するのはその証拠である。その意味で、蒸すという技術そのものは、非常に古くから調理に採用されてきたものである。したがって、炒るお茶よりも、蒸すあるいは煮るお茶の方が歴史的にははるかに遡ることができるはずだ。

狂言に見る中世の二つの茶

日本の庶民の日常生活の中で、お茶がいつから利用され始めたのかを語る資料は、ほとんどない。その中で、能の合間に演じられる狂言にお茶が登場することは、これが作られた中世には茶が飲まれていたことを示しており、貴重な記録である。現在までに粗筋や台本が伝わっている演目は二六〇曲ほどという（岩波新古典文学大系『狂言記』解説）。その中にしばしば登場する「茶」は、はやりの風俗のひとつだったのだ。しかも非常に興味深いことは、明らかに二種類の茶が存在している。

ひとつは、「今日は山ひとつ彼方に各々立ち寄り、茶の会がある（止動方覚）」、「今日はさる方へ茶の湯に参る（飛越新発意）」などと出てくる、現在の茶の湯そのものであり、ここでは当然、高級な抹茶が用いられていた。たとえば、「茶壺」という演目では、主人公に相当する壺主が主人の言い付けで購入した茶を詰めた茶壺を連尺（背負い用の紐）につけて帰る途中、つい道端で寝てしまう。スリ（泥棒）が現れ、壺主の連尺の一本に手を掛けて横になる。壺主が目をさまし、まったく同じ恰好で横にいたスリと茶壺の本当の持主をめぐって争いになる。通り掛かった目代《もくだい》に双方が正当性を訴えるセリフの中で、壺主は「私の主人はことのほかの茶数寄であって、毎年栂尾（茶の本場、ここの茶だけが「本茶」と呼ばれ、他は非茶といった。ちなみに、この本・非を飲み分ける競技が闘茶である）に茶を詰めに行っている」と述べる。ところが、スリも壺主のせりふをそっくりまねながら同じことを主張するので決着がつかない。最後は二人の争いに乗じて目代が茶壺をさらっていくという話で、銘茶が茶の湯の場で珍重されていることがよくわかる。

それに対して、「煎物売《せんじものうり》」は、下京に住む人が祇園祭りの囃物（町内の演し物）の相談と稽古のために人を集めて練習を始めたところ、洛中に住む茶屋が現れる。この男は昔から代々祇園会で茶を売っている。男が大声で茶を売り始めたところ、練習の邪魔をされた下京の人は、茶を売るな、と文句をつける。そこで邪魔にならないように売るということになり、練習の歌声、茶売りの声が掛け合いのようになるのだが、その時の茶売りの文句に「お煎じ物、お煎じ物、陳皮《ちんぴ》・乾薑《かんきょう》・甘草加えて煎じたる煎じ物召せ」とある。

陳皮は蜜柑の皮を乾燥させたもので、咳止め・発汗剤などの効能があり、乾薑はショウガの根を干したもの、甘草も咳止めや鎮痛効果がある。ここで売られる茶は、このような漢方薬と一緒に煮出したものなのだ。抹茶とは違う利用法なのである。

そういえば、『茶経』の著者、唐の陸羽は、いいお茶があっても、それに葱・薑・棗・橘の皮などを混ぜたりするのでは、折角の茶がだめになると述べている。狂言の時代とは七〇〇年ほども隔たっているが、茶が中国において高雅な飲み物としての地位を確立していく中で排撃された飲み方が、日本の狂言に見られるということになる。

こうした茶の飲み方は日本の茶の歴史に名を残した永忠とか栄西などが伝えたものではない。むしろ、庶民の茶の利用法として、かなり普遍的なものであって、史書に残らなかった知られざる茶の伝来ルートから、日本の庶民にもその利用法が伝えられていたか、あるいは日本でも自生の茶を利用する中で結果的によく似た方法が行われていたか、そのどちらかだろう。当時の庶民相手の茶屋では、おそらくこんな漢方薬に近い茶か、単なる日干しの番茶を煮出して売っていたと考えられる。

天道干しのいとまこはず

やはり狂言の「今神明」は、宇治の神明社の参詣人を目当てに貧乏な夫婦が茶屋を出したが、道具も接待役の女房もぱっとしないために客に嫌われ商売をあきらめるという筋であるが、そこでたてられたお茶が「天道干しのいとまこはず」というもので、評判を落としたとある。じつは江戸時代初期の寛永七年（一六三〇）刊行の古活字本に「御茶物かたり」（『室町時代物語大成』第三巻所収）という、お茶に関する戯作《げさく》調の歌合わせ集があって、そこに夏の歌として次の一首が載っている。

なつの日に、天とうほしの、おちやなりと、われらかためは、のむそすゝしき

図2　天日干し（京都府綴喜郡宇治田原町湯屋谷）

夏の暑い時には「天道干しの粗雑なお茶であってもわれわれには涼しく感じられておいしい」といった意味である。ここに共通する天道干しとは、天日で乾燥させる番茶のことであり、古くから伊勢茶の産地として知られる四日市市水沢《すいざわ》には、テントーボシというお茶が現代でも実際に作られている。これは八月に茶葉を刈り取り、蒸してから門口で干すだけという簡単なもので、カドバンともいった。

これらをあわせ考えると、中世後半期において、茶の湯の抹茶と、粗放な番茶とが併存していたことがよくわかるのである。

しかし、重要なことは、結果的にずいぶん値段も扱いも異なる茶ではあっても、いちばん基礎となる製茶法、すなわち「蒸して」から「乾燥」させるという、手順は同じなのである。そして、ここにはともに「揉《も》む」という工程が含まれていないことに注意しておきたい。

湯通ししてから揉む番茶

湯びく茶

蒸す、炒《い》る、の中間に位置するのが、「煮る」という加工法である。ひとつは、「炒り」の変形としての「煮る」である。近世の『農業全書』には、「湯びく茶」の製法が出ている。要約すると、若葉を残らず摘み取り、手のついた籠に入れて熱湯につけ、箸でかき混ぜ、葉が箸にくっつくようになったら、水を入れた半切に入れて冷やしてからよく絞り、少し乾かしてから焙炉《ほいろ》にかける、とある。この時、湯に灰のあくを少々入れると色好く仕上がるという。これは、若芽を使用するが、古葉（夏過ぎの硬化した葉）の場合は、あくを入れた湯でざっと湯がき、冷水で冷やしてからよく絞り、筵《むしろ》に広げて少し乾いたところで、縄で編んだ粗い筵の上で揉《も》み、最後は強火で乾燥させて俵に入れて保存する。

よく似た製法が近世後期の駿河国において行われていた。『駿国雑志《すんこくざつし》』によると、竹の葉を浸して湯を沸かし、これで茶の葉を湯がいて麻布に包み、締め木で絞ったのち琉球畳の上で撚《よ》ってから焙炉で乾燥させるという。上記の製法とほとんど同じである。

静岡県は有形民俗文化財として、手揉み茶の道具類を指定している。明治期の製茶用具として貴重なコレクションであるが、その中に、湯びく茶を作る道具のセットが含まれている。それは、茶葉を入れて湯につけるための目の粗い籠、容器に入れてトコロテンを作る時のように上から圧力をかけるための小型の桶とピストン状の道具、あるいはシュロで編んだハンモック状の袋で中に茶葉を入れて一方を柱などに固定して絞り上げるものなどである。これらを見ると、精緻な手揉み製法に発展する前の多様な製茶技術がよくわかる。

しかし、ここに見る湯びきの製法は、釜で炒ってから揉む、という釜炒りの工程のうち、炒る部分を煮ることにしたのではないかと考えられる。

煮て作る番茶

それに対して、文字通り、煮てしまう製法がある。なかでも岡山県の美《み》作《まさか》番茶は、硬化した葉のついた枝を鎌で刈り取り、大釜に入れてじっくり煮る。葉は枝から落ちるので、葉のみを筵の上に広げ、その途中で茶を煮た時の汁を葉にかける。乾いた茶葉はかけた汁が乾燥してテカテカした光沢がでる。これを押切で切断する。大石貞夫氏の『日本茶業発達史』によると、徳島県那賀郡木沢村や香川県の西部にもあるという。また、高知県幡多郡十和村の例が『聞き書　高知の食事』（農山漁村文化協会）に紹介されている。秋に茶の葉と花をいっしょに摘み取り、大鍋に入れて蓋をして煮る。わきあがったら蓋をとり、杓子《しやくし》でかきまぜ、葉が変色するまで煮る。煮えた葉は石臼で搗《つ》いてから筵の上に広げて天日でよく乾燥させる。ついでながら飲み方が変わっていて、この茶を木綿の小さな袋に詰め込み、囲炉裏のおきを入れて息をプッと吹き込む。中で茶が焦げて袋の中に煙が充満したら、袋の口を結んで茶釜の中へ放り込む。毎朝こうして番茶を入れ換えては一日中これを飲む。

この「煮てしまう」方法は、さきの足助の寒茶などと同様、蒸す技術とともにもっとも初期に採用された製茶技術ではないかと考えられる。

炒って揉む番茶

九州山地のヤマチャ

九州山地は、ヤマチャの産地である。山中いたる所に茶の木が自生している。宮崎県西都市銀鏡《しろみ》は、猪の生首を供えた前で舞う神楽で名高い。神楽上演日が近づいた頃に村人が山中で捕獲した猪の首を奉納するのである。神楽の舞処の前に杉葉を敷いた台が設けられ、その上にズラリと首が並ぶ。平成五年十二月十三日の神楽では一一の首が供えられた。文字通り、夜を徹して行われる神楽の中には「シシトギリ」という、猪を狩る猟師の問答もあり、神楽が終了したのち、川原で猪の肉を串焼きにして神に供えるとともに、猪の頭を鉈《なた》で打ち砕いて雑炊を作り皆で食べる。焼き畑と狩猟を生業とした山の民の暮らしの有り様を今に伝える貴重な芸能である。神楽の翌日、近くの山を歩いてみた。杉を伐採した跡に行くと、切り株のすぐ傍らから茶の木が生えている。もちろん種を播いたわけではなく、自然に生えたものだ。これが、いわゆるヤマチャである。現在では焼き畑はほとんど行われないから、材木を伐採したあとから芽がでるわけだが、かつて焼き畑が盛んな時には、このようにして芽をだしてきた茶の木から盛んに新芽を摘んだものだった。そして、釜炒《かまい》り茶を作ったのである。

やはり九州山地の一角である高千穂地方では、カッポ茶というのが有名になった。竹を切って一方の節を残した容器に、焚き火であぶったヤマチャの葉を入れて水を注ぎ、そのまま焚き火で煮ればお茶となる。山仕事に際して普通に行われていたお茶の飲み方だったが、今では茶ではなく酒を入れて燗をつけたカッポ酒が、野趣豊かな趣向として知られている。カッポ茶は、さきに触れた焼き茶の一種であることはいうまでもない。

肥後の釜炒り茶

熊本県阿蘇郡蘇陽町蘇陽峡は昭和二十九年にできたダムが青々とした水を湛え、鯉釣りの客を集めている。戸高保彦さんの家は、このダム湖のへりにある。母屋の脇にある煙突が出ている小屋がお茶を炒るためのカマヤだ。内部に設けた土で固めた竈《かまど》には大型の鉄釜が二つ据えてある。戸高さんの家のまわりにはヤマチャがいくらでも生えている。五月十日前後に、その新芽を手で摘み取り、なるべく時間

図3　釜で茶を炒る（熊本県阿蘇郡蘇陽町花上）

図4
エビラの上で茶を揉む
（熊本県八代郡泉村椎原）

を置かずに釜に入れて炒る。薪をたくさん焚いて釜の底が小豆色になるくらいに温度があがったところに生葉を入れると、バチバチと大きな音がする。戸高さんは手袋をはめた手で茶葉をすくいあげるようにしながら、むらなく茶葉が熱せられるようにかき混ぜる。茶葉がしんなりしてくると、ざるに移して大きな筵の上に広げ、ただちに両手で揉《も》む。これは奥さんや手伝いの人の役目だ。体重をかけながら、ムシロの目にさからうように揉んでいく。しばらくしてから、それを直射日光にあてないように縁側に広げる。いっぽう戸高さんは、新しい葉を炒るのに余念がない。このように、炒る・揉むという動作を一セットとすると、同じ茶葉に対して、同じことを三セット繰り返すことになる。そして、揉み上げた茶葉は湿気がこないように缶などに入れておいて、後日あらためて一日かけて丁寧に乾燥させる。大量に作る家では、これが商品として出荷される。

同県の八代郡泉村でもまったく同じ方法でヤマチャを利用した釜炒り茶が作られている。同村椎原の村川熊喜さん（大正三年生まれ）の家では、小さな小屋の中いっぱいに竈を築いて釜をひとつ据えてある。というよりも、釜を据えた竈の上に屋根をかけたという方がふさわしい感じだ。その釜の脇に奥さんが座り込んで、釜の上に覆いかぶさるようにしながら茶葉を炒る。そして、熊喜さんは、炒りあげた茶葉を庭に運んで、エビラという竹を編んだ簀《す》の子《こ》の上で茶を揉むのである。

村川家のすぐ下側に道をはさんで福岡秀祀さん（大正十年生まれ）の家がある。同家では、摘んできた山茶を機械で炒っている。原理は手炒りとまったく同じである。動力は重油の発動機、火力はプロパンガスを使う。最初の粗揉機が生葉を釜に入れてバチバチ音がしている段階、次の揉撚《じゅうねん》機が筵などの上で全身の力をこめて茶葉を揉む段階、そして回転させながら乾燥度を高める乾燥機は、筵の上で干す段階、最後に再び釜炒りをして仕上げるのが、翌日以降の最終段階での火入れとなるわけだ。

このような、平釜を利用する製法は、もっとも一般的な方法である。四国の山中、たとえば徳島県那賀郡木頭村では、ドラム缶を改造した簡易カマドに大鍋をかけ、そこに生葉を入れて炒る。その時、先が二股になった棒を両手にもってかき回す。それから、葉を麻製の袋に入れて口をしめ、竹製の箕の上で力をこめて揉む。そのあとで庭に広げた筵の上で天日乾燥させる。この釜の形式は釜炒り茶の製法としてもっとも普通に見られる。たとえば、ずっと離れた岐阜県加茂郡白川町では簡易カマドの形までそっくり同じである。ただし、揉む時に下に敷く用具は非常に多様である。木頭村では竹箕で揉んだが、もっとも多いのは、蘇陽町の例で見たような藁を編んだ筵である。その他に、対馬では棕櫚《しゅろ》を巻いた板を使い、高知県のある村では筵の藁《わら》臭さを嫌って桜の皮の上で揉んだという。荒縄を巻いた板を揉み盤といったという例は、近世の書物にあり、また明治以降も実際に使用されていた。

嬉野式の釜炒り茶

佐賀県の嬉野《うれしの》は温泉町である。そして、鎌倉時代に栄西が茶種を蒔いたと伝える脊振山に近い。不動谷には国の天然記念物になっている大茶樹があることでも知られている。嬉野では秀吉の朝鮮出兵の際に日本に連れてこられた人々によって焼き物の技術が伝わり、同時に製茶の方法も伝来したといわれている。その製法を嬉野式といって、釜の据え方に大きな特徴がある。それは、今まで見てきた釜炒り茶は釜（鍋）を水平に据えているのに対し、釜を約四五度傾け、この釜に正対して茶葉を炒るのである。火の焚口は竈の裏側にあって、炒る人が熱や炎を受けることがないようにしてある。つまり、茶を炒るための専用の竈の形式というわけである。この形式の竈は、佐賀県の嬉野市が発端とされ、嬉野式と呼ばれていて、大分県の山間部にも見られる。以前嬉野では、茶葉を揉む方法のひとつに、一種の石臼を使用したことがあった。平らな石の上に炒った茶葉をのせ、その上に内部を窪めた半円形の石を載せる。その上石には棒をさしこむ穴が二ヵ所ある。そこに通した棒を二人が向かい合って持ち、前後に動かすこ

図5
刈茶製法場の図
(『広益国産考』)

安政6年に完成した『広益国産考』には，日向の番茶が大坂方面へ，伊勢の茶が江戸へ大量に出荷されているとあり，刈り茶の製法が図解されている。本文によれば，まず茶を刈って水で洗い，木葉ともに押切で3寸くらいに切断し，それを大鍋に入れて炒る．かき回すにつれ葉は茹でたようになる．木も柔らかくなった頃に筵に入れ，その筵をかぶせて揉みながら太い軸（木）は排除する．あるいは，大鍋に沸かした湯の中に刻んだ葉を入れてかきまわし，すぐにあげて筵に入れて揉むか，図のような竹（？）に縄を巻いたもの（揉み盤）の上で揉むこともある．このように鍋で炒るか煮るかしてから，琉球筵ようのものの上でさまし，鍋に入れたりさましたりを5，6回繰り返すと，湿気もなくなるので，渋紙などの上で一日さましてから俵に入れる．

この方法は，鉄鍋を用いた釜炒り茶の製法と煮製番茶との折衷型である．洗ったばかりの水分をたっぷり含んだ葉を熱した鍋に入れるのは，実質的に煮るのと同じ効果がある．揉み盤を使用して揉む点など，蒸すか煮るかした茶を天日乾燥させただけの方法よりも一段と進んだ形態だが，青製といわれた高級煎茶には及びもつかない．この本ができた幕末期においても，上方・関東ともにまだまだこうした番茶が庶民に愛好されていたのであった．

とで茶を揉むのである。現在はまったく使用されない技法だが、四国の香川県の山中で石臼を用いて茶葉を搗《つ》くという例が報告されており、もしかしたら同じような方法だったかも知れない。もちろん、普通は筵の上で揉むのである。

この製茶にとってはたいへん合理的な釜の据え方は、近世の農書において早くから唐茶《からちゃ》として紹介されていたものである。たとえば、『農業全書』では、銅鍋を使用するのが最適で、「へついを、うしろ高にぬりすへ、土壇の上をバ紙にてはり」とある。粘土をかためて後ろ高の竈を作り、竈の肩には紙を貼っておく、というのである。ここに鍋をぴったりはめ込み、脇から炎が漏れないようにセットする。そして生葉を入れて揉み、シナシナとしてきたところで筵の上に出して丁寧に揉む。そして再び鍋に戻して炒り、また筵の上で揉む。この動作を五、六回繰り返すとしている。近世の農書にしたがったのか、九州などからの技術移転かは不明だが、滋賀県湖北地方の伊香郡の釜炒り茶も、大鍋を斜めに据え、人が立つ反対側から火を焚き、両手で揉み、筵に移して揉んでからあらためて釜に移して乾燥させる（『聞き書　滋賀の食事』）。

それに対して、熊本のような平釜を利用する方法は青柳式と呼ばれる。両者の違いは、嬉野式が製茶専用の釜であるのに対して、平釜の方は、豆を煮たり何かを蒸したりする時にも使える汎用の釜であるということだ。したがって、平釜では茶葉を炒る時に竈のへりに腰掛けるなど、きわめて不自然な姿勢で作業をしなければならない。それに対して、嬉野タイプは、茶葉を炒るために工夫された形式であるから、かなり合理的に力を使うことができる。嬉野タイプの釜は中国人から教えられたとされ、諸書でも一貫して唐釜と呼ばれている。近世初期に中国から日本にやってきて黄檗《おうばく》宗を伝えた隠元は、日本の煎茶《せんちゃ》の祖とも言われるが、彼がもたらしたのも釜炒り製法であった。分布の上では圧倒的な広がりをもっている平釜の方は、専用の斜めタイプが伝わる以前から日本に入った方法であると推定されるが、商品生産を目的に改良された斜め式が入ってからも、わざわざ斜めに据えた釜をつくるまでもなく、多少の不便をしのいで汎用の釜を使い続けていると考えられる。

鉄鍋の普及と釜炒り茶

中国の少数民族の製茶法とその利用法はきわめて多様であるが、すくなくとも「炒る」という技術に関しては、鉄鍋使用以前の方法は報告されていない。私の現地調査の体験からいっても、竈に据えた大鍋か、中華鍋を使用していた。たとえば、ラフ族が住む雲南省瀾滄県邦崴には千年古茶樹と呼ばれる巨大な茶樹が現存し、古くから茶を生産していたが、ここで作られているのも鉄鍋を水平に据えた汎用タイプの竈を利用した釜炒り茶であった。これは家によってはごく簡単に中華鍋を利用し、箸《はし》を使って炒り、笊《ざる》の上で揉む方法も行われている。ミャンマー北部のカチン州においても、自家用の釜炒り茶は、中華鍋で炒っている。

したがって、すくなくとも現在入手しうる資料に従えば、蒸し製の番茶と釜炒り茶には、年代的に大きな差があって、蒸し製の茶のほうがはるかに古くからの製法であったといえる。なお、後ほど紹介する東南アジアにおける食べるお茶は、葉を蒸してから漬け込んで発酵させるものであり、「蒸し」という共通する技術によって製造されていることも付け加えておきたい。

薩摩ハンズ茶

大型の鉄鍋や釜が一般に普及していく前、茶を炒る道具として焼き物を使用することはなかったのだろうか。それはできないことはなかった。『広益国産考』には、ある禅宗の僧が伝えた方法として、新芽を摘んで水でサッと洗い、焙烙《ほうろく》に入れて焙《ほう》じる。葉が柔らかくなったところで渋紙に広げてさまし、再び焙烙にかけて手でかきまぜる。この手順を六回ほど繰り返すとよいお茶ができるとある。それから、たいていの茶産地では、八十八夜に新芽を摘んで焙烙で炒り、それを仏前に供えるとか、そのお茶を飲めば中気にならないと伝えている。素焼きの土器でも茶を炒ることは可能である。しかし、これでは大量の茶葉の処理はむずかしい。ところが、全国的にたいへん珍しい例が鹿児島県に見られる。いわゆる薩摩ハンズ茶という、「瓶《かめ》」炒りのお茶である。実際の作り方をみて見よう。

茶畑の向こうに噴煙をあげる桜島が見える。鹿児島県日置郡松元町直木は火山性のシラス台地の上にあり、水が不便だった。今でこそ鹿児島市の郊外という感じになったが、昔は家から二〇分も歩いて台地の下の湧き水を汲みに行くのが嫁の仕事だったという。水道ができた今、放置されている天水槽とたくさんの水瓶《みずがめ》が、かつての過酷な水事情を伝えている。

ここでは水瓶のことをハンズと呼ぶ。近くの美山町の窯元産で、技術の伝来を物語るように、朝鮮焼きともいう。使っているうちに、ヒビが入って水が漏れるようになったハンズで、茶を炒るのである。松元町および隣接する伊集院町では、以前はどこの家でも自家用の番茶をハンズで炒って作っていた。松元町は茶生産に力を入れているが、それはすべて蒸し製の煎茶であり、ハンズ茶は今や文化財的な存在となっている。

物置の一角に、石と粘土で臨時のカマドを作り、その上に口を手前に向けてハンズを寝かせる。炎が外に漏れないように、ハンズとカマドが接する所には粘土を塗り込める。そして薪を燃やしてハンズが熱くなったところに茶葉を入れ、先が四つほどに分れた棒を中

図6　ハンズで茶を炒る（鹿児島県日置郡松元町直木）

図7　烤茶を作るラフ族の女性（中国雲南省瀾滄県邦崴）

に突っ込んでかき混ぜながら茶を炒る。これは主婦の仕事だ。カマドの前にゴザを敷き、その上に正座して片手にもった棒をハンズに突っ込んで茶葉をかきまぜている様子は、なんとなくユーモラスである。この作業はせいぜい五分程度で終わる。次に葉をショーケ（笊《ざる》）に入れ、体重をかけながら揉む。これも数分。次に、タケベロに載せて乾燥させる。タケベロすなわち竹焙炉のことで、竹を編んだ直径八〇チセンほどの円筒の上に、てっぺんがちょうど笠のようにふくらんでいる、やはり竹を編んで作った蓋をかぶせ、その表面に茶葉を広げて乾かすのである。円筒の中には鉄鍋に炭をおこして置いてある。このあとは、普通のホイロに載せて乾燥度を高める。ちなみにこの形式の焙炉は宮崎県の山間部でも使用されている。明治初期に紅茶の乾燥用具をもとに開発されたものである。

ハンズ茶でいちばん注意しなければならないのは、茶を炒り終えたあとのハンズの処置だ。急速に冷やすとヒビがひどくなるというので、大根の葉をオキの上にのせて徐々に火力を弱める工夫をしている。また、ハンズには針金を巻いておいて、割れるのを防いでいる。

手順からいうと、釜で炒る部分がハンズに置き変わっただけであるが、このことは鉄製の鍋がなくても、茶は炒ることができるということを示している。ひょっとしたら、意外に古い技術のようにも見える。しかし、肝心の焼き物のハンズは空だきに弱いのである。なによりも使用後の冷やし方がそれを物語る。それに、炒る道具以外は九州各地で行われている釜炒り製法とまったく同じである。だから、やはりハンズは、鉄鍋の代用とみるのが妥当だろう。ただ、製茶用具としては、きわめて特色ある存在であり、しかも、それが水の乏しいシラス台地での茶生産に使われたという点が、いかにも地域の特色を反映している。

なお、ここで再び中国西南部の少数民族や隣接地に住む漢人の間で広く行われている烤茶《ごうちゃ》を紹介しておきたい。

中国の烤茶

烤茶とは、すでにできあがっている釜炒り茶を小さなフライパンなどの上にのせて、囲炉裏の火であらためて炒る。それを深さ五、六センチ程度の小さな水差し状の土器（中国語で茶缶）に入れて熱湯を注ぐ。こうしてだした茶を囲炉裏のまわりにしゃがんでいる客に勧めるというものである。製茶済みの茶をもう一度炒るところは、日本の番茶の飲み方にも通じている。むしろ焙じ茶といってもとおりそうだ。茶缶が急須と同類なのか、あるいはこの素焼きの土器で生葉を炒り、それに熱湯を注いだのが前形態で、後世になって釜炒り茶を大量に生産できるようになってからも以前からの習慣を残しているものなのか、当面

は判断を保留しておきたい。小規模なら、土器でも飲むための茶は作ることができること
は、これで示されてはいる。

漬け込んで発酵させる番茶

自家発酵と後発酵

発酵させるお茶といえば、ウーロン茶や紅茶が念頭に浮かぶ。発酵茶には独特の香りがあって、私たちが普通に飲んでいる緑茶とはまったく別物に思える。だから、「紅茶の木」や「ウーロン茶の木」から作られていると誤解をしている人がけっこういる。もちろん、紅茶の木などはない。そのへんに生えている茶の木からも紅茶やウーロン茶は作ることができる。ただし、色・香り・味など、それぞれの加工用途に応じた品種というものはある。じつは日本でも明治期には輸出向けに紅茶やウーロン茶を製造しようと、研究を重ねていたし、地方でも実際に生産が行われていたほどである。なお、現在ではまったく生産されていない。

お茶の葉には木から切り離されると同時に自ら発酵を始める酵素が含まれている。ごく簡単にいえば、その酸化酵素をじゅうぶん働かせると紅茶になり、途中で止めるとウーロン茶になる。もちろん、その途中にさまざまな段階があるから、いろんな味のお茶ができる。紅茶・ウーロン茶ともその生産の歴史は新しく、せいぜいここ数百年のことと考えられている。

それに対して、大きな意味での緑茶は、いったん何らかの熱処理をして茶葉自身がもっている酵素を殺す（殺青《さっせい》）ことによって、香りや色、あるいは味を保つことになる。熱処理の方法がじつに多様であることは今まで見てきたとおりである。

ところが、もうひとつ別な意味で発酵させるお茶がある。茶葉のもつ酵素の力ではなく、外からとりついたカビやバクテリアの力で発酵させるもので、これを紅茶の発酵などと区別して後《こう》発酵と呼ぶ。のちに詳しく紹介するタイやミャンマーの漬物茶がその典型で、これらは食べるお茶として知られている。日本でも食べることはしないが、後発酵させたお茶が各地で点々と作られている。そのいくつかを紹介しよう。

石鎚黒茶

愛媛県西条市は、四国の最高峰石鎚山《いしづちさん》の入口である。西条駅から車で三〇分ほど走り、登山のためのロープウエイに向かう道を右側にそれてしばらく行くと標高三〇〇㍍ほどの諏訪に着く。ここは周桑郡小松町の領域である。そこから山道を歩くこと三〇分、さらに三〇〇㍍ほど高度を稼いだ所に、中村という集落がある。以前は七軒ほどあったというが、今は二軒。過疎化が進む四国の山村の典型的な姿である。茅葺き屋根の家に住む曽我部正善さん（大正十年生まれ）は、江戸時代には地域の産業としてかなりの生産量があった石鎚黒茶を、たった一軒だけ、現在でも作り続けている。曽我部という姓の由来には三種類あって、平家、南北朝、長曽我部のそれぞれの落人《おちうど》が始まりという。正善さんはいちばん古いという平家の落人の末だそうだ。茶の作り方を知っていた郎党の一人が瀬戸内海を河野氏に抑えられていたために土佐の方からここに入り込み、山の尾根に登って瀬戸内海を見張ったのだと伝えている。

日本におけるお茶の始まりに関して、民間の伝承では、弘法大師によるというもののほか、平家の落人というのが意外に多い。鹿児島県の古い茶産地である日置郡金峰町白川もそのひとつである。茶がもともとその地に無かったので、誰かが持ち込んだという話にしたのか、単なる権威づけなのか、解釈はいろいろできそうだ。

では、石鎚黒茶の作り方を紹介しよう。季節は七月中ごろ。①茶葉は家の近くにいくらでも生えている茶の木から、手袋をした手でしごくようにして摘む。②蒸し器で六〇～九

○分間蒸す。③水をかけて冷やしてから桶に入れ、七日間ほどで自然に白いカビが生えるのを待つ。④筵の上に広げて簡単に揉み、空気を遮断するためにビニールを内部に敷いた桶にギュウギュウに詰め込む。⑤蓋をして石の重しを載せ一週間ほど置く。⑥天気のよい日に筵の上に広げて自然乾燥させる。晴天なら一日で乾く。

この製法は、高知県の大豊町で行われてきた土佐の碁石茶とほとんど同じである。碁石茶は、最後の付け込みのあと包丁でその名のとおり碁石ほどの大きさに切ってから乾燥させる。碁石茶も現在はきわめて希少の茶になってしまったが、以前は地区をあげて生産されていた。不思議なことに地元ではいっさい消費されず、すべて山越えに瀬戸内海方面に出荷され、海に浮かぶ島々で茶粥《ちゃがゆ》の素材に使用されていた。

石鎚黒茶も、近世においては山地の換金作物として相当量が生産され、小松町の大頭《おおとう》にあった問屋に、楮《こうぞ》・ハゼの実など山村の作物といっしょに売られていた。製造するための道具は、漬け込み用の桶以外は、楮やミツマタを蒸すための釜と甑《こしき》を使用して今よりもはるかに大がかりだった。ところが、昭和恐慌に際して現金収入を増やそうと、蒸し製の煎茶製造工場を作った時から急速に作られなくなった。この煎茶は当地ではアオチャと呼び、「アオチャを飲まないのは時代遅れだ」と言われたほどである。曾我部さんは、蒸し器には焼酎の蒸留装置を流用するなど、規模を縮小して自家用をもっぱらにしたため、今日まで続いたのだという。甑に茶葉を詰める時、まんべんなく蒸気がまわるよう、真ん中に太い棒をさしこんでおき、最後にそれを抜くことで穴をあけるのだが、この作業に使用してすっかりすり減った八角棒だけが、江戸時代からの生き証人だ、ということだった。

阿波番茶

後発酵茶ということでは、徳島県で作られている阿波番茶が有名である。

この茶も夏の土用の暑い盛りに茶畑に入り、茶の葉を一枚残らずしごき取ってしまう。素手ではとてももたないから、昔はボロを裂いて親指以下三本の指にぐるぐる巻いた。指袋を使う人もいたが、とても長持ちしなかった。今では厚手の軍手をはめ、人によっては針金を指先にまいている。背丈ほども伸びた茶畑では、茶摘みという優しい言葉とは反対の、戦いといってもいいくらいの厳しい仕事が行われる。強敵は真夏の暑さだ。最近は工事用の青いシートをテントのように張ってその下で摘むが、数年前まではそれぞれこうもり傘をさして日陰を作った。遠目には派手な色彩にあふれた茶畑だったが、その中では摘み高払いの奮戦が展開されていたのである。

摘んだ茶葉は加工に無駄がないように数日分を貯めておく。そして、大釜でゆでてから床に広げてさまし、揉撚機《じゅうねんき》で軽く揉み、大きな桶に漬け込む。昔は芭蕉の葉、今はビニールを敷いた上に藁《わら》を載せて蓋をし、石の重しを載せる。そして茶葉を煮た時の汁をかけて酸素との接触を絶つ。発酵したら筵《むしろ》の上に広げ、天日で乾燥させる。阿波番茶の産地でも一、二を争う量を生産している那賀郡相生町大久保の藤川隆夫さん（昭和十年生まれ）のお宅にうかがった時は、家の前の空き地から道路一杯に筵が広げられ、茶が一面に干されていた。一日三回、天地返しをしてじゅうぶんに乾燥させる。茶が発酵した独特な匂いがあたりにたちこめている。その時、私の鼻腔に匂いの記憶がよみがえった。タイやミャンマーで嗅いだあの匂い、漬物茶として知られるミアンの匂いだ。石の重しを載せた発酵のための容器には桶と籠との違いはあるが、上から流れだしている茶色のアクの縞模様。最初は抵抗があっても、慣れると病み付きになってしまう不思議な味と匂い。これが嗜好品というのだろう。

阿波番茶は、さきに見た石鎚黒茶の工程からカビ付けを省略したもの、という解釈があるが、逆に黒茶はカビ付けの工程を付加したもの、という見方もできるかも知れない。それはいずれ考えてみたい。

阿波番茶は、日本の番茶の中ではもっとも多くの固定ファンを持っている。販路は徳島県から瀬戸内海の島々、淡路島などにまで及ぶ。値段も普通の緑茶に劣らないから作る価

図８　阿波番茶の漬け込み
（徳島県那賀郡相生町大久保）

図９　ミアンの漬け込み（タイ国チェンマイ郊外）

値はある。しかし、手間がかかることがあって将来の見通しは必ずしも明るくない。現在、生産しているのは相生町のほかは隣の上勝町だが、こちらは小規模生産が主流である。相生町で揉撚機導入前に盛んに使われていた茶すり機が上勝町ではまだ健在だ。これは、底に棕櫚《しゅろ》などを敷いた細長い箱に煮た茶葉を入れ、洗濯板のような歯を刻んだ板の両側に把手をつけて、両側から人が押し合って茶葉をゴリゴリ撚《よ》る道具である。現在では、人手不足のために片側にモーターを据えて人間の替わりをさせる半機械式が流行しているが、家によっては揉撚機を導入した例もあり、時代の波を感じさせる。

若狭の黒茶

後発酵茶をもうひとつ紹介しよう。現在は生産中止になっているのが、福井県三潟町江崎で生産されていた黒茶である。漆間元三氏の『振茶の習俗』によると、六月末から七月初めにかけて茶の葉を枝とともに刈り取り、それを煮立ててから水を切り、枠で囲った発酵場に入れて上に重しを置く。一週間ほどして発酵しはじめたら何度も備中鍬《びっちゅうぐわ》で切り返し、やがて温度が下がって白カビが生えだしたら天日で乾燥させる。石鎚黒茶と比較すると、前段のカビ付け段階で終了し、後段の漬け込み発酵部分を欠いていることになる。このお茶が、富山県の蛭谷のバタバタ茶に欠かせなかったのである。ちなみに、福井での製造が中止になってから、蛭谷の人々の要請に応えて、富山県の篤志家が製造を続けている。

このように、後発酵茶といってもいろいろな工程があるが、基本的には、煮る（蒸す）↓カビ付け↓揉み↓漬け込み↓乾燥、で成り立っていて、カビ付けで終わるのが若狭の黒茶、漬け込みだけが阿波番茶、カビ付け・漬け込みの両方とも行われるのが、石鎚黒茶と土佐碁石茶ということになる。

これら後発酵茶のうち、漬け込みを主とする製法の、東南アジアにおける漬物茶の製法と酷似していること、驚くばかりである。その問題には、あらためて触れることにして、次に日本の番茶について総括しておきたい。

何でもありの日本の番茶

これまでみてきたように、日本各地にはじつにさまざまな番茶がある。要約すると、茶の製法には、茶葉が持っている酸化酵素を殺す（殺青）ための、①干す、②蒸す、③煮る、④炒《い》る、という基本的方法に、揉《も》むか揉まないかという区分を加えたさまざまな組み合わせとなる。そして、この中に入らないもう一つの方法が、加熱処理後に桶に漬け込んで発酵させてから乾燥させる、後発酵茶と呼ばれる方法である。

多様な技術の組み合わせ

そこで、日本の番茶について全体的な俯瞰をしておきたい。日本茶の研究者の中で、早くから番茶に注目していたのは、桑原次郎左衛門である。彼は、日本の番茶の種類を詳細に分けると四、五十種もありそうだが、大別すると十五、六種となること、そして茶の好みと食物の好みとをセットにした、地域性が認められると指摘していることは注目される（「嗜好から見た全国の番茶」『茶業界』昭和三年一月号）。

番茶の原料となる茶は、整備された茶園のものではなく、農家の屋敷廻り、あるいは畑の境となるクネなどに植えられたものが大部分である。また、ヤマチャと呼ばれる自生の茶も利用される。ただし、それも自然の植生の中に存在するものは少なく、なんらかの理由によって放棄された茶畑のあとであったり、人為的に茶種を播いて生やしたものが多いと考えられる。これは、茶が日本に自生していたかどうかという議論にもかかわるので、ここでは深入りしないが、昭和初期に全国のヤマチャを調査した谷口熊之助は、あしかけ六年をかけ、二四県にわたる二市・一六八ヵ町村で現地調査を行い、詳細なヤマチャ分布図を作成した（「『ヤマチャ』調査報告」『茶業組合創立五十周年記念論文集』（一）、一九二六年）。

谷口はさらに製茶法にも注目し、①ヤマチャを切取り焚き火で炙って煮出す（九州地方）、②日干しにしただけのもの（岡山・広島）、③熱湯を通してから揉み、箱か桶に詰めて発酵させ、あらためて日干しにする（新潟・高知・香川・徳島などで固有の呼称をもつ茶）、などを特異な例として紹介している。ただし、いずれも各地からの調査報告が増えた現在では、必ずしも特異なものではなく、茶利用の歴史のさまざまな段階を示す事例として位置づけられよう。

日本の茶業を人文・科学の両面から総合的に分析した大石貞男氏も、製茶技術に基づいて日本の地方茶を分類・紹介しているが、四国の地方茶は日本でも茶の製法がもっとも多彩なところであり、地方茶の中心地であったとみなされると述べている（『日本茶業発達史』）。私も現地調査に行く時には先学の研究を参照のうえで目的地を絞り込むが、とくに四国では予定外の場所で必ずといっていいくらい新しい発見にめぐり会える。お茶に関する限り、四国は不思議な所だ。なぜ、四国にはこんなにもいろいろな番茶が存在するのだろうか。なんとか解いてみたい謎のひとつである。

だが残念なことにこれらの番茶は、現在衰退の一途をたどっている。それは、商品化が進むとともに、静岡茶に代表される「蒸し製煎茶」に生産の重点がおかれるようになったからである。現在もっとも普通に生産され、日本茶の代名詞になっている「蒸し製煎茶」が、どのような経過をたどって今日の姿に到達したのかについては後にまとめることにして、次に、番茶をもとに形成された日本のさまざまな民俗について考えることにしよう。

食べるためのお茶

お茶で煮る――茶粥

お粥に水させ

三重県志摩郡大王町波切の若い女性は、以前はみんな粥見《かゆみ》（多気郡飯南町）や水沢（四日市市）などの茶所に茶摘みの出稼ぎに行った。「茶山と他人の飯は一度は食ってくるもの」と言われていて、新茶の季節には家の経済状態とは関係なく娘たちが大挙して山を目指した。「粥見千人」という言葉があったほどで、シーズンには脚絆《きゃはん》をつけ、着替えを入れた風呂敷包みを背負い菅笠《すげがさ》をかぶった女たちであふれたという。娘たちを受け入れる茶農家で一番苦労したのが食事の用意であった。そこで「志摩のアネが見えた、晩のお粥に水をさせ」といったものだ。茶を布袋に入れて煎じたもので炊いたのが茶粥《ちゃがゆ》である。人数が増えても、文字通りいくらでも水増しができる食物であ

図10　茶粥と茶袋（和歌山県西牟婁郡中辺路町野中）

る。山中では粥ばかりで、小便をすると腹がへってしまう代物、というのが食べ盛りの娘たちの感想だった。

茶粥が日常の食の中心になっていたのは、伊勢茶の産地にも近い熊野地方である。そこでは、三度の食事がすべて茶粥だったという時代もあった。和歌山県中辺路町野中では、かつては一日に五回とった食事すべてが茶粥という場合も少なくなかったという。誰か訪ねてきた時、「お茶すえる」といったが、これは茶粥をだすことを意味した。野中では使用する茶は自家製の番茶である。新芽を摘んで鍋で炒《い》り、筵《むしろ》にあけて揉《も》む。それを天日に数日間干して、もう一度炒ってから袋に入れて保管する。これを使う前にはもう一度焙烙《ほうろく》で炒るとおいしい。この番茶を木綿製の袋に入れ、糸で口をしめて、囲炉裏にかけた鍋の熱湯に投げ込む。一〇分間以上煮立ててから米をとがないままで入れて、時々杓子《しゃくし》でかき混ぜる。火力はできるだけ強い方がおいしくできる。米が煮えるまで、二〇分から三〇分ほどかかる。グツグツ煮立っていた鍋が急にサーッと泡立った時に火からおろす。鍋の壁は大きく外側に反っているので吹きこぼれずにすむが、これを釜で作ると外にあふれてしまう。この熱い茶粥を茶碗によそい、ふうふう吹きながらできるだけ熱いうちにかき込む。土地によっては塩を入れる所もあるが、このあたりでは入れない。そのかわりにおかずは相当に塩の効いたものを食べる。

こうした茶粥を食べる地域は、東海地方のごく一部のほかは近畿地方から西に限定されている。九州では佐賀県や福岡県の一部にある程度で、四国には茶粥という表現がない。

土地によっては茶粥にいろいろな具を入れて食べる所がある。茶粥が名物として知られている山口県の周防大島の事例を報告しよう。

芋茶粥・豆茶粥

民俗学者宮本常一氏に「富田梶五郎翁」という、国語の教科書にも載せられた文章がある（『忘れられた日本人』所収）。明治の初めの頃、対馬の浅藻という集落を開いた開拓者の初代の老人からの聞き書きである。じつは、宮本氏も富田翁も、ともにこの島の出身者である。富田翁は久賀《くか》、宮本氏は西方という所だが、ほんの一〇キロほどの距離である。昭和二十五年に対馬を訪ねた宮本氏が、富田翁と出会い、富田翁の体験を書き綴ったのが上記の作品となったのだ。その関係で、最近久賀町教育委員会の方が仲間とともにこの浅藻に行き、そこに移り住んだ同郷の人々の子孫から昔の話をいろいろと聞いたことがあった。その時、浅藻の人々が、茶粥を食べていたのが印象的だったという。九州では佐賀県などに茶粥を食べる地域があるが、全域ではあまり一般的ではない。それが、浅藻の人々が、まさに久賀町で食べるような茶粥を日常食としているということは、食生活というものが、出身地の習慣からいかに離れられないかをよく示している。そういえば、本四連絡橋のすぐ脇に位置する香川県の岩黒島という小さな島にも茶粥を食べる習慣があるが、じつはこの人々は碁石茶で茶粥を作ることで有名な佐柳島《さなぎじま》（香川県）から移住してきた。やはり故郷の食習慣をそのまま伝えているのである。

茶粥とはいうまでもなく、番茶を煮出した汁で炊いた粥のことで、西日本各地では別に珍しくないが、大島の場合には、季節に応じていろいろなものを混ぜ合わせて作るところに特徴がある。たとえば、薩摩芋がとれれば芋茶粥、その芋を切って乾燥させて作る粉を用いた団子を入れればカンコロ団子茶粥、そら豆を入れれば豆茶粥といった具合である。

久賀町宗光の野田一恵さんのお宅にうかがって一部始終を見せていただいた。茶粥はここではオビージャという。本来はカンスと呼ぶ茶釜のようなものを使って作る。胴の部分が広く口が狭い形が、吹きこぼれをしないで具合がよいというのだが、今では普通の羽釜で作っている。

作り方に、とくに秘伝があるわけではなく、自家製の番茶を茶袋に入れてじゅうぶん煮出し、そこにとがないままの米を入れ、さらにそら豆を入れる。味はとくにつけない。やがて釜一杯に泡が吹き上がる。この段階まで茶袋は入れたままで、食べる直前に取り出す。粥は杓子ですくって熱いところをフウフウ吹きながら食べるのがおいしい食べ方である。漬物など、塩味の濃いものをおかずに何杯もおかわりをする。最近は若い人はあまり作らないとのことだから、茶粥の将来は明るくない。親が好きなら子供も自然と好きになるはずだ。幼少時に身についた食べ物の嗜好は大人になっても変わらない。

この周防の茶粥の起源に関しては、昔、関が原の戦いのあと岩国に移封された吉川氏が、削減された領土に今までと同じ家来を養うために「満腹感を感じて然《しか》も節米に資する」目的で茶粥を始めたと伝える（『郷土食慣行調査報告書』）。じつは、出雲のボテボテ茶にも松平不昧《ふまい》公（治郷）の勧めによるという、よく似た起源譚がある。しかし考えてみれば、人間が一日に摂取しなければならないエネルギー量は減らせないわけだから、いくら茶粥の形で水増しをしたところで、結局消費する食物の総量は変わらないはずだ。つまり、食事回数が増えたり、一度に何杯もおかわりをすれば同じことで、長い目で見れば節約になるかどうか疑わしい。

ということは、茶粥は決して食物を節約するための料理ではなく、やはりそれなりの栄養価と味わいをもち、庶民の嗜好にあって工夫されてきた食べ物だと考えるべきであろう。

コメヂャにコーコ

愛知県海部《あま》郡蟹江町は、名古屋市のすぐ西に位置し、近鉄線で一五分足らず。海に面した低地が多い。かつては漁業が盛んであったが、伊勢湾台風で大きな被害を受けたのち、巨大な防潮堤が建設されたため、漁業組合も解散した。今でも蟹江川に沿って、川面にせり出すようなかたちで造られた二階屋がいくつか見える。それはみんな漁師の家だったそうで、以前はそれこそびっしり並んでいたのだが、防災上の理由から同じ形式で新築することができないため、櫛《くし》の歯が欠けるように数が減ってきた。風情あふれるこうした景観もまもなく消えてしまう運命だ。

蟹江の名物に、「いなまん」という料理がある。以前はこのあたりでたくさんのボラがとれた。ボラは関西では出世魚として知られる。年を経るにつれて名前がかわるからだ。

ハク↓オボコ↓イナ↓ボラ↓トドのツマリというわけで、イナというのは二年物で長さは三〇センチくらい。ちょうど食べごろなのである。イナを背開きにして中に味噌を詰める。この味噌には秘伝があって、赤味噌をベースに柚《ゆず》・椎茸・銀杏《ぎんなん》・粒山椒《さんしょ》などを加え独特の風味がつけてある。これを丁寧に焼きあげたものを、イナの饅頭すなわちイナマンと呼ぶのである。

しかし、蟹江にはもうひとつの名物を自慢するこんな歌がある。

　蟹江名物コメヂャにコーコ
　　腹の中には心地よし
　蟹江名物コメヂャにコーコ
　　腹の中にはさわりなし

コメヂャとは、当地の表現でいわゆる茶粥のことをさす。その始まりについては次のような伝説が伝わっている。

昔、徳川家康方の軍勢一万五〇〇〇ほどが蟹江城を取り囲んだ。籠城の兵わずかに一〇〇〇余り、大軍を向こうにまわしてよく持ちこたえたが、鉦《かね》・太鼓・貝を間断なく鳴らされての音攻めですっかり疲れはててしまった。睡眠不足と疲労で満足に食事もとれなくなった頃、またもや敵の大軍が攻めかかる音がした。まずは腹ごしらえをと、飯を炊くために折から煮えたぎっていた大釜に俵から取り出した玄米をそのままぶち込んだのだが、釜では茶を煮ていたところであり、おまけに米の量が少なすぎたので、できあがったのは黄色い粥であった。しかし、それを食べてみると意外に美味しく、籠城軍は勢いをとりもどした。城は八日間にわたってもちこたえたが、ついに落城。この時の生き残りの侍から茶粥が伝わった、というのである（『蟹江むかしものがたり』）。

さて、現地で実際に話を聞いてみると、茶粥を食べるのは蟹江川の下流部、漁師町である舟入や今という、町内でも限られた地域であるらしい。そこは地形的にみても新開地で、そんなに古い歴史があるとは思えない。それに対してより内陸部に位置し古代以来の荘園があった須成《すなり》などではまったく食べないというのである。おまけに「茶粥は貧乏くさい」というようなイメージがあるということだった。

蟹江の郷土食とされる茶粥だが、実際に作る人は少なくなった。そこで現在も家族揃って茶粥が大好きという成田直子さん（昭和十四年生まれ）に実際に作ってもらった。使用するお茶は番茶・粉茶・焙《ほう》じ茶などだが、成田さんは焙じ茶が好みだという。作り方はよそと同じで、茶を入れた茶袋を沸騰した鍋に入れる。茶袋は白い木綿製で目が粗く、長年使い込んだものがよい。たしかに成田さんの茶袋は茶の渋で黒色に近い。煮汁ができたところに、とがないままの米を入れ、焦がさないようにオタマで掻き混ぜながら二〇分ほど煮立てればよい。吹きあがったところで火を落とし、少し蒸らす。このあたりがコツだそうだ。塩は入れない。おかずに鯵の干物がいちばん合うというところ、いかにも漁師町らしい。

会場に借りた公民館の調理室で町の職員にも食べてもらったが、はじめてという人ばかりだった。佐藤さんは今という集落の出身で小さい時から茶粥を食べて育った。現在でも週に三日くらいは茶粥を作る。とくに肉などの脂っこい物を食べた時には、茶粥が一番だそうだ。

西日本の人々は茶粥が好きだ。とくに和歌山県や三重県などには、日に三回とも茶粥を食べるという人もいた。しかし、そうした茶粥を常食にしている地域で使用する茶は、ほとんどが自家製の番茶であった。ところが、蟹江は漁師町で茶の木などは一本も生えていない。つまり、米と同様、茶も購入しなければならないわけだ。茶粥は、海を通じての漁師の交流の中から伝わったらしい。茶粥の起源は明らかに自生茶と深い関係があると思うが、漁村には米と茶のセットで伝わったとみられる。茶など作らぬ佐柳島（香川県）でも、土佐の碁石茶を使って茶粥を作る。蟹江は、そんな茶粥愛好地帯の、東端に位置するといえる。

奈良茶と茶米

いつの時代でも食い物に対する人間の執心には変わりがない、と思わせるのが江戸時代に大量に出版された料理書である。その中でも早い時期、寛永二十年（一六四三）にできた『料理物語』には、さまざまな素材や調理方法が具体的に掲載されていて、今から三〇〇年以上も昔の食べ物について、いろいろと知ることができる。

そこに「奈良茶」という食べ物が出てくる。奈良地方も先に見た茶粥愛好地帯で、ひところは熱い茶粥を無理に喉を通すのでガンになりやすい、という警告を受けたこともあった。桜井市あたりでは、「オカイサンを炊く」という柔らかい表現をしており、また謎々のひとつに、毎朝首を締められて風呂に入るものは何か（答は、茶粥を作る時に茶葉を入れて煮る茶袋）というようなものがあって、いかに日常的な食べ物であるかを示している。奈良茶は、このようなサラッとした茶粥とは若干異なって、かなりボリュームがありそうだ。そのレシピは次のようである。

まつちやを少いりてふくろに入て。あづきと茶ばかりせんじ候。扨《さて》大豆と米入候を半

分づゝいり候てよく候。大豆は引わりかわをすてよし。又さゝぎ。くわい。焼栗なども入るよし。山椒こ塩かげん有

まず茶、おそらく地元産の番茶を少し炒ってから茶袋に入れて、小豆といっしょによく煮る。それに挽《ひ》き割り大豆と米を炒ったものを入れ、さらにササゲやクワイ・焼栗などを入れて煮る。山椒や塩も適当に加える、といった意味になる。結果は雑炊のようなものができあがる。江戸時代に奈良といえば、もちろん京都のような都会ではないが、諸国の人にとってみれば、長い歴史をもつ名所であり、そこの名物として奈良茶の存在は広く知られることになった。

話は急にとぶが、忠臣蔵の赤穂浪士が吉良を討ってから諸大名に分散して預けられたとき、毛利家で用意されたメニューにこんな記録がある（三田村鳶魚・朝倉治彦編『娯楽の江戸　江戸の食生活』中公文庫）。

一、夜食一汁三菜、或は粥或は奈良茶

毛利氏の本拠地である山口県は茶粥が盛んな地域である。赤穂浪士の夜食にも奈良茶が出されていたのである。もっとも近世の江戸で奈良茶が流行したことがあるから、御馳走の意味があったのかもしれない。

だから奈良茶という名があるからといって、これが奈良にしかない食べ物、ということにはならない。調理法からいえば、かなり一般的な食べ物であったことが次の例からわかる。

香川県大川郡引田町坂には「茶米飯」というのがある。大豆一合を弱火で念入りに炒り、白米四合も少し焦げ目がつくくらいに気長に炒る。さつまいもの中くらいの二つを賽の目に切り、水に浸してあくを抜く。これらに塩少々を入れて番茶湯ですぐに炊く。香ばしくて子供に喜ばれるごはんができる（『聞き書　香川の食事』）。茶米飯も茶汁で煮た食べ物、という点では奈良茶とまったく同じである。いいかえれば、茶をベースにして調理したごはんものの一種なのである。

このように、茶汁にさまざまな具を入れて調理することは、じつは日本だけの問題ではなく、中国で茶が利用されはじめた頃の記録と非常によく似ているのである。次にこの問題を考えてみよう。

中国における初期の茶利用法

中国において書かれた茶に関する膨大な文献をもとに、茶利用の歴史を研究されてきた布目潮渢氏によると、三世紀頃の文献に漢民族の間での茶の利用法が次のように記されているという。すなわち、茶葉を餅のように固めておき、飲む時にはまず炙《あぶ》って赤くし、粉末にして器に入れて湯を注いでかきまわす。ついでこれにネギ・ショウガ・ミカンを入れて混ぜるというのである。こうした利用法は長い間継続されてきたらしい。『茶経』という本がある。唐の時代、陸羽という人によって書かれたもので、「茶は南方の嘉木なり」で始まる、茶に関する百科事典的な書物だ。その本の中で陸羽は、こういう飲み方はせっかくの茶を溝に捨てるようなものだと排撃していることが注目される。ということは、唐の時代にあっても、茶に混ぜ物をして飲む方法が広く行われていたとみることができるのである。

これも布目氏の指摘であるが、西暦八六〇年頃に編纂された雲南地方の地方志の中で、そこには茶はあるけれど製茶の方法は知られておらず、サンショ・ショウガ・ニッケイをまぜて煮て飲んでいるとある。製茶方法を知らぬということからいえば、これは茶の生葉をそのまま野菜類といっしょに煮ていることになる。これらに共通することは、中国の唐の時代までは、茶を利用しはじめた人々はもちろん漢民族の間でも、茶は飲み物であると同時に、羹《あつもの》つまりスープの一種だったということで、香りの強い他の植物とともに具として使用される場面も多かったとみられる。

つまり、中国の人が茶を利用しはじめたころは、茶葉の煮汁を飲むだけでなく、調理にも使っていたことが判明する。そうした中で茶を純粋飲料として味わうべきであるという陸羽の主張が次第に影響力をもって、中国の漢人社会では、茶に他の食物を混ぜて「食べる」習慣は次第に駆逐されていった。日本に残る記録の上でも、平安時代の永忠、鎌倉時代の栄西、いずれの茶も飲むための茶として導入されていた。しかし、そのことから日本には食べるための茶が入ってこなかったと断言することはできない。なぜなら、記録に見える茶は明らかに中国の上流社会の茶であり、同じころ、庶民がどんなお茶を飲んでいたのか、あるいは食べていたのかについては、永忠にしろ栄西にしろ、意識の外にあったに違いないからである。

この点だけから見ても、日本における茶の始まりが、史上に残る偉人だけによるものではないことが理解できる。つまり、いつの頃かわからないが、茶という植物とその利用法を携えて日本に来た人がいたのだ。そして、茶の利用法のひとつとして、最初から「食べる」ための利用法があったというふうに考えた方が合理的である。

そして、茶を食物摂取の手段とするのは、茶粥だけではないことを、次に見ていきたい。

お茶をかけて食べる――茶漬け・炒り粉

茶漬け

お茶漬けは、やや昔風の家庭の食事として、大きな役割を果たしてきた。一昔前の小説やテレビでは、夜おそく酔っぱらって帰ってきたその家の主に対し、寝ないで待っていた妻が、「お茶漬けなど召し上がりますか」と尋ねるシーンがよく出てきた。酔い醒《ざ》ましの軽い食事としてお茶漬けは、今でも人気がある。

茶漬けといえば、ご飯の上に梅干しとか漬物など塩味の濃いものを載せ、熱いお茶をかけてサラサラとかき込む、というのが一般的なイメージである。しかし、土地によっては、いろいろな具を入れて食べる例がたくさんある。大正末期から昭和初期を基準に日本人の食生活の全貌を全国にわたって記録した農山漁村文化協会発行の『日本の食生活全集』の索引の中だけでも、アゴ（トビウオ）・カツオ・カマス・サバ・サケ・タイ・ボラなど、豊富な海産魚を使い、その名称を冠して○○茶漬け、とあるものが続々と出てくる。もちろんウナギなどの淡水魚もあるが、こちらは少数派である。

全国の漁師の間では、「マゴ茶」という食べ方がよく知られている。これは、とったばかりの魚を刺し身にしてご飯の上にのせ、熱い茶を注ぎ、醬油やおろし山葵《わさび》をそえて手早くかき込むという食べ方である。静岡県の西伊豆の漁師たちは、あまりに美味しいのでまごまごしていると人に食べられてしまうから、マゴ茶だ、などと説明している。マゴ茶については、柳田国男も言及しており、近世に江戸の町に普及した「茶の子」よりも簡単な食事、つまり子の子という程度の意味で「孫茶」ではないかと言っている。

ここで注意しておきたいのは、茶漬けの具に魚が多いことだ。茶を自分で作り日常食に取り込んでいる農家では、めったに海の魚は食べない。海産魚と茶とが結びついたのは、茶をかけることによって生臭さが消えるという、実質的な効果もあった。さきに見た愛知県の蟹江でも、茶を作らない漁師が茶粥を好んでいた。

もともと日本には湯付けという食べ方があった。すでに平安時代の物語にも出てくる古い食べ方だ。当時は強飯《こわめし》が普通であったので、それに湯をかけて食べたのである。茶漬けは、その変形であると見られないこともないが、味をつけ、しかもさまざまな具を入れるという点からみれば、明らかに異なった料理である。むしろ茶漬けは、茶粥に見られるような、茶を調理のベースにするという、茶の利用法の変形とみることができそうである。

炒り粉

この本の最初に福井県勝山市の日干し番茶を紹介したが、勝山市や隣の大野市では、自家製の番茶を飲むだけでなく、イリコ（炒り粉）を食べる時にも使っていた。イリコとは、炒《い》った大麦を挽《ひ》いて粉にしたもので、土地によっては香煎《こうせん》、あるいはオチラシなどと呼んでいる。私も子供の頃、香煎を盛んに食べた記憶がある。新聞紙を三角の袋型に畳み、その中に砂糖を少し混ぜて甘くした香煎を入れる。袋の端からこの粉を吸い出して食べたのである。その時、うっかり吸い込むとのどに粉がはり付いてひどくむせる。

福井の人はそんなヘマはしない。イリコに熱いお茶をかけてかきまぜ、箸《はし》にからめられるくらいの固さにして食べるのである。これは、そばがき、という食べ方と同じである。そば粉をタチソバ、すなわち町のそば屋で食べるような麺の形にするのは、かつての農村ではハレの食事であった。こんな面倒な手間をかけずに手軽にそば粉を食べる方法、それがソバガキであり、土地によってはソバタテコともいった。○○タテコという表現は、そばに限らず、アズキ・キビなどにも使う。そして、この時に茶を用いるという例が福井県に限らず、各地で見られるのである。静岡市の飯間という平地の集落にも「濃い茶に香煎」という言葉が残っている。

茶を使って穀物の粉を食べる方法は、チベットにある。チベットは、現在は中国の自治区となっているが、かつてはダライラマを中心とする独自の政体のもとに、強固な鎖国政策をとっていた。そこに大乗仏教の原典を求めて潜入したのが河口慧海《えかい》である。彼は一八九七年、まずインドに渡り、ダージリンにおいてチベット文字や会話を習うなど周到な準備を重ね、一九〇〇年、文字通り決死の旅の末にチベット入りを果たした。そして首都ラサ府において勉学と教典の収集に努めたが、とくに医術の心得が幸いして高い人望を得た。この旅のいきさつを詳細に記した『チベット旅行記』は、学術的な民族誌としても高い評価を得ている（高田龍三の講談社学術文庫版解説）。

河口慧海がこの旅において命をつないだ食べ物が、当時のチベット人が日常食としていた「茶と麦焦し」である。チベット人は中国から運び込まれる板状に固められた団茶《だんちゃ》から作った茶にバターなどをまぜたものを好んで飲む。慧海の観察によれば、「バタ《（ママ）》茶の製法が面白い。三尺もあろうかという木の筒桶にバタと茶（湯）と塩を入れて、そうしてそ

図11　バター茶を作る
(中国西蔵自治区ラサ郊外)

図12　ツァンパを食べる
(中国西蔵自治区ギャンツェ)

の筒桶に相当した棒の先を菌（きのこ）のような具合に円くして、その棒で日本で言えば龍吐水で水を突くような具合にシュウッシュウッと扱き上げ扱き下げる間に茶やバタが摩擦されて一種の茶（湯）が出来るので、チベット人はその扱き上げ扱き下げる時の音の良否で旨いのと不味いのとが出来るのが分って居ると言っているです（ママ）」（『チベット旅行記』）。そして、この茶で麦焦がしをこねて食べるのである。

この食べ物は、ザンパ（ツァンパ）といって、チベットでは現在でもごく普通の食べ物であるが、日本人にとっては珍奇な風習のはずだとばかり、テレビなどでもよく放映される。ところが、じつは日本各地の食べ方と同じなのである。このことからも、茶の食への応用がきわめて普遍的であることがわかる。

ヤッコメと玄米茶

さらに、もうひとつ例をあげておこう。それは、苗代に籾《もみ》を蒔《ま》いたあとの余った籾の処理方法である。それを炒り、ヤッコメ（焼米）などと称して食べる習慣は全国的である。たとえば、広島県の芸北地方では、蒔き残りの籾を鍋で炒り、それを足踏みの唐臼《からうす》で搗《つ》いて作り神に供えた。そしてこれに熱い番茶をかけて食べる。ゴムのように粘りけがあって、嚙めば嚙むほど味がでたものだという（『田植えの習俗』四）。長崎県の壱岐島ではこうした米をタニヤキ米といい、地区によっては蒸してから茶につけて食べた（『田植えの習俗』五）。お年寄りの回想記などにも子供の頃に食べたヤッコメの香ばしさが忘れられないなどとよく出てくる。なぜ、わざわざ茶をかけなければならないのだろうか。

ここで思い出されるのが玄米茶である。普通の煎茶に炒り米を混ぜたものだが、たいへん香ばしいものである。この組み合わせにも意味があるに違いない。というのは、中国のトン族が好む「油茶」の料理法を見ると、油茶という植物の油で蒸し製の茶を炒め、水と少量の塩を加えて煮た汁に、いろいろな具を入れて食べるものだが、この具にはおこわのアラレが含まれている。また広東省恵陽地区海豊県では、「鹹茶《かんちゃ》」といって、茶葉をすりつぶして塩を加え熱湯を注ぐ。これに炒り米を入れると炒米茶といい、落花生の砕いたのを入れると花生茶になる（周達生『お茶の文化誌――その民族学的研究』）。

こうした中国の事例を見ると、沖縄のブクブク茶との関連が想起される。ブクブク茶は後にあらためて紹介するが、炒り米と茶を煮立てた汁を茶筅《ちゃせん》でかきまぜて泡をたて、その泡の上に炒り落花生の砕いたのを載せて泡といっしょに食べるもので、素材の組み合わせが共通している。

これが、米と茶とが不可分の関係にあることを示すものだとすれば、もしかしたら、米と茶とは最初から組み合わされた形で日本に持ち込まれたかも知れないのである。残念ながら、これを追求するための資料も方法も今のところ持ち合わせないが、茶の日本伝来の契機のひとつとして考えてみる価値はあると思う。

茶を振る――ボテボテ茶や尻振り茶

出雲のボテボテ茶

茶筅《ちゃせん》で泡立てて飲む茶は、抹茶《まっちゃ》に限らない。煮出した番茶を手製の茶筅で泡立て、塩味をつけて飲んだり、あるいは中に具を入れて食べるという習慣が、全国に点々と見られる。茶筅で泡立てることを「振る」と表現するので、こうした番茶を振って飲む茶のことを総称して「振り茶」という。古くから知られていたのは出雲のボテボテ茶である。松江市内でも戦前まではかなり一般的だったが、今では一部の人たちの間でしか見られず、駅の売店でセットがみやげ物として売られている程度である。これには伝説があって、茶人として知られる松平不昧《ふまい》公が、貧しい人々に食い伸ばしの方法として教えたものだと言われている。しかし、さきに紹介した山口県の大島の茶粥が吉川氏から教えられたと伝えるのと同様、内容に若干のひけめを感じた人々が、あえて郷土の英傑の名前をだしたに過ぎないとみてよい。

同じ島根県の安来市大塚丸山町では、今でも主婦たちがボテボテ茶を楽しんでいる。ぜひ一度その現場を見たいとお願いしたら、公民館にそれぞれ漬物とか煮豆などの具をもって集まってくれた。薬缶で番茶を煮出して茶碗につぎ、手製の茶筅の先に塩をすこしつけて「振る」。泡だったところに好みの具を混ぜて食べるのである。ここで使用する番茶はさきに紹介した大呂と同じで、茶の花を混ぜて茶を煮立てる。なお、大呂でも、その番茶を使って振り茶をしており、それをウケヂャと呼んでいる。安来市のボテボテ茶はお逮夜《たいや》の時にはヤドで全員に振る舞われた。ポテポテ茶ともいったという。塩だけで具を入れないときはスヂャといい、何杯か飲んで最後はこのスヂャでお終いになる。専用の茶碗をゴシ茶碗といい薄い飴《あめ》色をしていて宝珠が刻んである。これは松江でもまったく同じものを使用していた。いまではどこでも入手が困難になった。

同じ島根県八束郡鹿島町御津はもと風待港《かざまちこう》であった。ここではボテボテ茶のことを福茶ともいい、正月の三が日に主婦がたてて来客にも出す。祝い事で近所の人や親類を招いた時にも出す。ここではノギクの花を刈って陰干しにしたものを四《チ》センほどに裁断して炒ったり、あるいはそのままを番茶といっしょに煮るので、キク茶ともいう。宝珠の模様を刻んだボテボテ茶碗に茶を注ぎ、茶筅のさきに塩をつけてたてる。ここでは具を入れずに漬物を食べながらこの茶を飲む。あるいはご飯を入れ、箸《はし》を使わずに手で茶碗をたたいて寄せ、口に放り込む。

バタバタ茶・ブクブク茶

このように、出雲国ではボテボテ茶が広く愛好されていたが、これに類した茶の利用法は、日本海沿いに東上し、福井県の小浜地方では江戸時代初期に行われていた記録があり、さらに富山県魚津市から新潟県の朝日町・入善《にゅうぜん》町にかけて、かなり広い範囲でバタバタ茶の名で行われていた。とくに朝日町蛭谷は、今でも続けている唯一のムラとして知られる。ここの宗旨は浄土真宗であって、どこかの家の吉祥命日には必ずこれが行われる。ムラの中を歩いていれば音が聞こえるからやっている家はすぐわかるというほどである。蛭谷では茶を作らないため、さきに紹介した黒茶を購入している。糸魚川市の方で昔盛んだった頃は、安価な番茶に乾燥させた茶の花を混ぜて煮出しており、出雲と同様な宝珠を刻んだ茶碗を使用していた。この特色ある茶碗は出雲の窯元《かまもと》で作られていた布志名焼であり、名称・飲み方などとともに、日本海の海上交通が契機となって伝わった可能性がきわめて高い。

図13　バタバタ茶の茶筅（富山県下新川郡朝日町蛭谷）

図14　ボテボテ茶の巨大な茶筅（沖縄県那覇市久米）

図15　ボテ茶の茶筅
（香川県仲多度郡琴南町下福家）

ボテボテ茶とよく似た名称で番茶を振る所が四国にもある。日干し番茶を作るということでさきに紹介した香川県下福家の竹地弘さんは、その番茶を煮出し、ゴロシチ茶碗に入れ、手製の茶筅に少々塩をつけて振り、じゅうぶんに泡をたてる。その泡の上にオチラシ（麦焦がし）をのせ、茶碗をゆっくり回して泡が粉を包むかんじになったところで、口に放り込むかんじで飲む。ここでは午後二時頃にとる間食のことをオチャヅケというが、実際に茶漬けを食べるわけではなく、土地の表現に従えば「オチャッシを飲まんか」といって、この食品を食べたという。当地ではすでに番茶は作っていないので、普通のお茶を代わりに使ってやってもらったが、泡がじゅうぶんにたたない。形だけでも、というわけでオチラシを載せて試してみたところ、粉が喉にはりついてひどくむせてしまった。逆にいえば泡がちゃんとたっていれば、粉は泡につつまれたまま無事に喉を通過するのである。

ここで参考にすべきは沖縄県那覇市のボテボテ茶である。これは炒《い》り米と茶をいっしょに煮出すという意味でも非常に興味深いのだが、同時に異常なくらい泡にこだわるのである。戦後すっかり衰えたブクブク茶を復活しようと努力してきた新島正子氏や安次富順子氏は、那覇市内の水道水のうち、どこの配水場の水道水がいちばん泡が立ちやすいかという研究までしている。ブクブク茶は巨大な木の椀と、これも巨大な茶筅を使って丁寧に泡をたてる。ソフトクリームのようにしっかりした泡が盛り上がったところで、普通の茶碗についだお茶の上にこの泡を載せる。そしてこの泡の上に炒り落花生を砕いたものをのせて「食べる」のである。戦前の那覇の市場では、できあがったブクブク茶を行商している人がいたという。沖縄におけるブクブク茶の始まりはよくわかっていない。ただし聞き取り調査による限り、上流階級が住んだ首里では行われていなかったといい、あくまでも庶民の軽食、という位置づけだったようだ。鹿児島県徳之島にもフイ茶と呼ばれる振り茶があった。ここでは番茶を泡立てるだけで食物は混ぜない。しかし、このように見てくると、後出の図18のように、日本全国に点々と振り茶が存在したことがわかる。しかも、現在行われていなくても近世の記録で確認できる所も多いということは、かつてはかなり一般的な茶の利用法であったことがうかがわれるのである。

仏前の茶湯桶

　四国のあちこちに、毎朝小さな桶にお茶を入れて仏前に供える家がある。後述するが、仏に供えるお茶を茶湯《ちゃとう》ということから、この桶は茶湯桶と呼ばれている。桶は、深さ・直径とも一二、三センチほどで、片側に持つ所がついた手桶型のものと、普通の桶の形のものとがある。手桶型は愛媛県周桑郡の石鎚《いしづち》など、普通の型は徳島県那賀郡の木沢村や名西郡神山町神領寄居などにあった。いずれも長年にわたって線香の煙を浴びたせいか、真っ黒になっている。現在では、仏具屋に寄って見てもこの桶は売っていないし、たいていの家では古臭い桶は処分してしまって茶碗を使うようになっている。なぜ、わざわざ桶に茶湯をいれて供えるのだろうか。

　今まで見てきた振り茶は、桶茶とかウケヂャなどとも呼ばれている。茶碗ではなく小桶を使って茶を振ることがあったためである。愛知県の山間部では、茶釜で煮出した番茶をひしゃくで小桶にくみ取り、塩を少々入れる。そして左手で桶を抱えるように持ち、膝の上で少し傾けて右手の茶筅（自家製）で手早くかき混ぜる。やがて細かい、よくこなれた泡が桶一杯になるので、小さな竹びしゃくで茶碗にその泡といっしょに汲み出し、クックツ音をたてながら吸うようにして飲む。これを桶茶といった。また近世の駿河国の地誌『駿河志料』には、駿府郊外において昔は朝夕茶を煎じ、小さな桶に入れて抱え、簓《ささら》を用いて泡立てて飲むと書かれている。静岡市の山間部にある旧玉川村でも、桶に番茶を挽いた粉を入れて熱湯を注ぎ、振り出してから茶碗に分けて飲んだ。しかも振るのは新妻の役目であったため、昔の人は妻を迎えると「茶振りを貰ふて御芽出度」といったと大正初期の村誌に出ている。島根県のボテボテ茶はさきに紹介したとおりだが、大呂の場合、実際に茶を注ぐことはしないのに傍らに小桶をおいていた。岡山県には「とぼけた婆さん、小桶で茶を飲め」という歌があったそうだし、鹿児島県徳之島のフイ茶でも、手桶型の小桶を用いて茶を振る。桶を使用する理由は、一度にたくさんの茶を振ることができるためで、元来は主婦が茶を振り、そして家族に配分したのである。

このような桶茶の事例から考えると、四国の茶湯桶は桶茶と関係があるに違いない。四国では振り茶の存在は報告されていないかわりに、茶湯桶という奇妙な桶があることになる。これはまったくの推測であるが、かつては小桶を使ったまさに桶茶の習俗があったのだが、早い段階でそれが廃れ、茶を入れる桶だけが仏前に供えられるようになったのではないか。茶を供えるならば白木の椀でもよいのだが、白木の椀は古い神事で非常に神聖視

図16　仏前の茶湯桶
(徳島県周桑郡小松町大字石鎚)

図17　ウケヂャと傍らに置く桶 (島根県仁多郡横田町大呂)

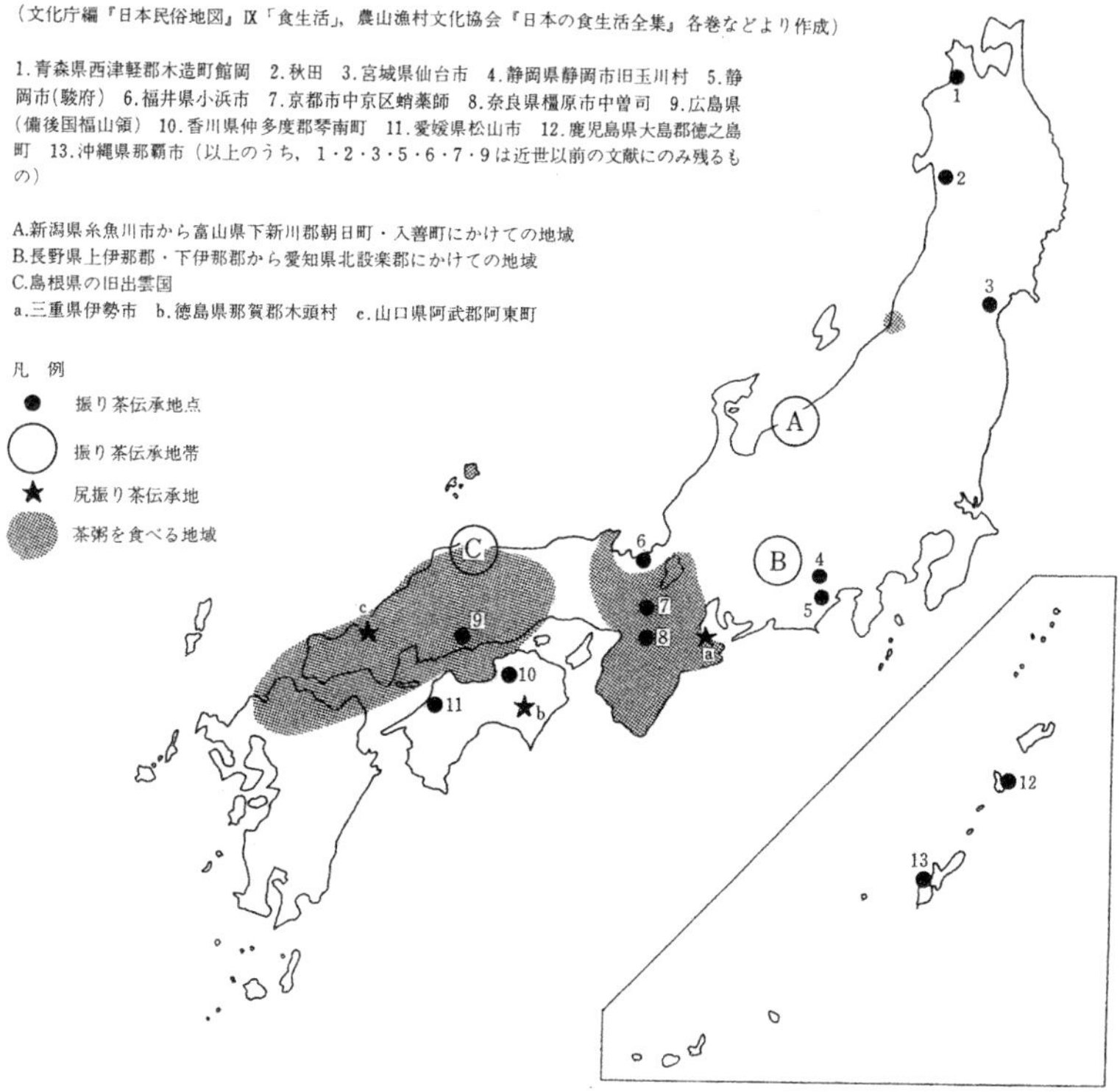

図18　茶粥・尻振り茶・振り茶の分布（中村「食べるお茶」『VESTA』17より）

されていたことから、むしろ閼伽水《あかみず》を汲む桶にちなんで仏前に茶湯を供える容器とされたのではないだろうか。つまり、茶湯桶は振り茶の名残であると考えられるのである。ここで茶と仏教との関連が浮かんでくるのだが、それはのちほど改めて考察を加えることにしたい。

泡の効用

話が少し横道にそれてしまったが、振り茶においてそれほど腰の強い泡が求められたのはなぜだろうか。私はその理由を、泡は食物をとるための補助手段であったからだと考える。たしかに振り茶という特異な茶は、形態からいえば抹茶の庶民版である。しかし、振り茶には手製のササラ状の茶筅を使用していること、必ず番茶を使用すること、泡に異常にこだわることなどを考えると、抹茶とは別な起源と目的をもった茶の利用法であると考えざるをえない。

振り茶の目的、すくなくともその一つは、粉食を容易にする手段であった。さきに触れたように、麦焦がし（オチラシ・ハッタイコ）を食べるとき、この泡にくるんで喉の通りをよくするという実質的な効果がある。麦・豆は煮て柔らかくするのにたいへんな時間がかかる。炒って粉にしたものは間食にそのまま食べられるが、喉にはりついて食べにくい。そこで泡が役立つのである。三河の山間部で盛んに行われていたオケヂャも振り茶の別称であるが、塩味をつけたこのお茶を飲みながら香煎《こうせん》を食べたという。

ここで粉食とお茶との関係が明らかになる。福井県のイリコをはじめとする各地のお茶に粉をといて捏《こ》ねて食べる方法は、遠くチベットの主食にもなっている。こうした遠方との一致は、茶が普及してからたまたま一致したのではなく、むしろ各地に茶が広まっていくなかで、それに付随した、というよりも茶利用の本質として両者不可分の「食」のあり方として広まったと考えられるのである。

尻振り茶

尻振り茶という変わった呼び名のお茶があるという報告が、古く『東京人類学雑誌』(通算一九〇号)に載っている。明治三十四年、玉置繁雄という人が、有名な人類学者であった鳥居龍蔵とともに当時僻村中の僻村と言われた徳島県の木頭村に行った時の話である。なにせ、一八里(約七二キロ)の山道を三日間かけてようやく役場のある出原に着いたほどであった。そこでの日常の暮らしを述べた中に食事の方法として次の方法が示されている。

それは、①普通、②投げ込み、③尻振り、の三つであるが、投げ込みとは、箸を用いずに口に食物を投げ込む方法で、尻振りとは、「適度に茶碗に飯を盛れば茶湯を入れ二、三度碗尻を動かし、勢ひ副はる(備わる)を見計ひ口に投込むなり」というのである。尻とは茶碗の糸尻のことをいうのであって、決して人間が尻を振りながら飯を食うというわけではない。

この報告では、当時でも尻振りの風習は廃れつつあるとされている。現在、わずかにその様子を知っているという一香一男さん（明治三十五年生まれ）を訪ねた。那珂郡木頭村は、高知県境のすぐ東側にあたり、今では道路が整備されて高知空港から車で一時間半ほどで行けるようになった。明治時代の様子が嘘のようだが、近年まで木頭村に入るには南側の山並みを越えて来るのが普通のルートで、ナカモチといって日用品を背につけて片道一日の道を運んだものだという体験者がまだ大勢いる。

だが、生き字引ともいえる一香さんも、尻振り茶は、子供の頃に見ただけだった。自分の母親にあたるくらいの女性が、左手に子供を抱え、飯（たぶん稗飯《ひえめし》）に茶を注いだ五郎八茶碗を右手に持って、器用に茶碗をまわしながら飯を口に放り込んでいたという。そんな話をしながら普通のお碗を使ってやってみせてくれたが、飯がまわりに飛び散ってなかなかうまくいかなかった。

翌日、たまたま岩佐とめさん（明治三十九年生まれ）に出会い、念のために聞いてみたら、なんと、十歳の頃、食べた記憶があるという。ここからもっと山中に入った栩《とち》沢にある祖母の家に行った時に、「尻振り茶を食べて見よ」といって出されたのだが、やはり、御飯が飛び散ってうまく食べられなかったと話してくれた。明治時代の報告にあるような四国の尻振り茶は、すでに絶えてしまったのだ。

不細工な話じゃ

ところが、山口県阿武郡阿東町にもまったく同じ名称のものがあった。それを伝えるのは小京都として名高い津和野の近くの嘉年《かね》という山間の集落である。だが、ここでもわずかなお年寄りが子供の頃に食べたとか見たことがあるという程度だった。蔵田賀延さん（明治四十三年生まれ）から伺った話を次に書いてみよう。

ここの一日の食事の呼称は、①アサゴハン（起きてすぐ）、②アサメシ（八時頃）、③ヒルメシ（十二時頃）、④ヒルカラヂャ（四時頃）、⑤ユーハン（暗くなってから）、⑥ネヂャ（ユーナベの済んだあとの午後十時頃）という。内容は麦御飯を中心に大根やイリコ（小魚）がおかずという程度だが、一日の最後になるネヂャに、尻振り茶を食べた。どんなものかというと、まずコクショーニという煮物を作る。これは、賽《さい》の目に切った大根と大豆（当地では黒豆をこう呼ぶ）を塩味で煮たものである。これを茶碗に入れた御飯の上に盛り、煮出した自家製の番茶をかけて麻殻で作った一本箸でかきこむ。そして最後に残った分にお茶を足してかきまわし、茶碗を手にもってまわしながら勢いをつけて口に放り込むのである。蔵田さんに言わせると、放り込む時に口が茶碗に触れてはいけない、つまり御飯や豆が一瞬空中を飛んで口の中に飛び込むというのが正しい食べ方だそうだ。蔵田さん自身、何十年もやったことがないからとてもできないということで、実際にこの「技」を見ることはできなかった。はじめて食べさせてもらった私にも、あたりに飛び散るのがわかっているから試す勇気が起きなかった。

もう一人、尻振り茶に詳しいという下瀬勝士さん（大正二年生まれ）は、自らが実際に体験したわけではない。鍛冶屋をやっていた父親が、「これが長門の尻振り茶といってな、不細工《ぶさいく》な話じゃ」といって教えてくれた食べ方であるという。不細工な、とは貧乏たらしいというような意味らしい。下瀬家は祖父の代から鍛冶屋で、父親は十三歳の時に弟子入りしてから、あちこちタビをした人だから、他の地域ではこのやり方を見たことがなく、当地の特徴的な食べ方であることを知っていたのだろうとは、勝士さんの解釈である。

さて、勝士さんによると、尻振り茶はネヂャに食べるのではなく、日中に誰か家に訪ねてきたりすると、「御飯、なんぼでも食べなさいよ」といって勧める時の食べ方で、かなり「ええ百姓の家」だけの習慣だった。また「レイヂャ」ともいったそうだ。これは「礼茶」と書くのだろう。いわば儀礼としての茶というわけだ。そういえば、四国の尻振り茶の場合にも、正月に食べたというような話を聞いた。一本箸で食べるというのも、日常とは異なった特別な食べ方であることを示していよう。ただ、話者によって食べる機会が異なっているのは、旧慣がそれだけ廃れたということなのだろうか。

現在、尻振り茶の呼称を伝えるのはもう一ヵ所、三重県の伊勢神宮周辺である。ここでは、白米と黒豆を炒り、砂糖を入れて煮たもので、風邪をひいたときなどに飲むが、由来はわからないという（『聞き書　三重の食事』）。米と黒豆は、山口県の事例と共通だ。伊勢には全国から人が集まる。山口から伝来したとはいえないにしろ、伊勢参りが仲立ちになっていることは間違いあるまい。

さて、こうして見てくると、尻振り茶も、じつはボテボテ茶と大きな共通点のあることがわかる。ここであげた振り茶・尻振り茶・イリコといった食べ物には、番茶・米・豆、それに塩が共通している。そして、こうした穀物や豆類とまぜて煮れば、奈良茶や茶粥になる。つまり、全体をとおして、茶が食べ物のベースとしていかに大きな役割をもっていたかが明らかになるのである。

茶は食事の別称――朝茶・夕茶・茶代

さきに山口県の嘉年で例示した食事の呼称をもう一度見ていただきたい。午後四時頃にとる間食を、ヒルカラヂャ、夜なべ仕事のあとで寝る前にとる、やはり間食がネヂャといった。このように、○○ヂャというのが、○○にあたる時刻にとる食事の呼称となっている例が無数にある。静岡県で、オユーヂャとかヨーヂャといえば、昼食と夕食の間にとる間食のことで、夕茶であると解釈される。一日の時間によって順番に並べてみると、朝起き抜けに食べるアサヂャ、昼食前のヨツヂャ・ヒルマデヂャ、午後の間食としてのヤツヂャ・ヨーヂャ、そして寝る前のナカヂャ・ネヂャなどである。また仕事の合間の間食のことをオチャヤヅケとか、単にチャという所も多い。

朝茶・夕茶・寝茶

しかし、実際に食べる内容は団子・芋、前日の残り物が中心で、必ずしも茶を伴わない。

またチャマンという言葉も間食の総称であると同時に、愛知県北設楽郡でチャマといえば、時をはかる単位であって、食事から食事までをヒトチャマと称し、ヒトチャマ、フタチャマなどともいったという（『分類食物習俗語彙』）。茶と茶との間が、ヒトチャマという時間の単位として認識されているのである。このように「茶」が食事を意味している例は時代的にかなり遡ることができる。

隠居免と茶代

福井県大野市は、古い城下町の面影が残る落ち着いた町である。その郊外の農村地帯に残る近世文書に「茶代」という言葉がしばしば出てくる。これは、親が息子に財産を譲って隠居をし、息子夫婦と家計を別にした時、親である老夫婦もしくは父か母の暮らしを維持するために確保された田畑や生活費のことをさすものである。たとえば、文書の表題はこんな風に書かれている。

・茶代譲之事
・隠居茶用田御高相渡証文之事
・一代切相渡シ申茶代之事
・拾年季ヲ切相渡申茶代証文之事

宛て名の多くは「御両親様」とか「親何某殿」とか、女性名であったりする。要するに子が親に対して、死亡するまで、あるいは一定期間を限って収入の一部を贈るという内容である。

民俗学でインキョという場合は、単なる隠退ではない。静岡県裾野市では、跡継ぎが決まった段階で親は未婚の子供たちとともに母家を出て、隠居屋と呼ぶ離れに移り住み、カマドをまったく別にする。連れて出た子供が結婚する時は、両親が面倒をみるという制度である。これは、ひとつ屋根の下に嫁と姑が同居しないという特徴があり、永遠の課題ともいうべき嫁と姑との確執が避けられるという大きな利点がある。近年は、ネドコ隠居といって、食事などは一緒にとり、日常の起居だけを離れでするという例もあるというが、概してこの習慣そのものがすたれつつある。

このように隠居した両親の生活費をまかなう土地のことを、静岡県の東部では「隠居免《めん》」と呼んでいた。免というのは、元来は免田といって荘園内部で特別に年貢を免除された土地をさしたので、たとえば神楽を維持するため、そこの収入をあてることにしている田のことを神楽免といったりした。隠居免の免も、そうした特別な意義をもった土地のことをさすのである。法的な意味での所有権が移転するわけではないので、税を納めるのはあくまでも息子側である。法制史研究家の高木侃《ただし》氏によれば、こうした文書は江戸時代にけっこう見られるらしく、土地によっては、「隠居渇命料」と言うところもあるという。親子の間であっても紛争を事前に防ぐという意味の予防法学的観念がすこぶる発達していたのだと高木氏はいっている。

隠居の生活を維持するための財産は土地だけに限らない。隠居金をわけたり、漁師では親に隠居舟を渡すこともある。では、なぜ隠居免と同じ意味の言葉が、茶代と呼ばれるのだろうか。そこに茶の本質にかかわる何かが隠されているのではないか。

お茶と老人という組み合わせからは、冬、こたつの中で老夫婦が渋茶を飲みながら窓の外に降る雪をじっと眺めている、というような光景が浮かんでくる。無言の内に相通じる夫婦だけの世界、といった感じだが、最近はとても流行らない。しかし、お茶にはこんな雰囲気を媒介するというイメージがあるのは確かだ。そこから、茶代という言葉も単純に考えれば、茶を買うための費用ということになろう。しかし、大事なことは、この言葉が使われていた大野市の一帯では、茶は購入するものではなく、みんな自分の家で作ったものを使っていたはずだということである。つまり、どの家でも自家用の番茶を作っており、茶はわざわざ買うものではなかった。したがって、この「茶代」とは、飲むためのお茶を買う費用ではなく、老後の生活をまかなう食費、といった意味で使用されていると思われる。老人と茶、といった固定観念にとらわれると、茶のもつ意義が狭められてしまう。

大野市では茶代という言葉が現在でも使われているのだろうか。茶代が記載された古文書をもっているお宅を一軒一軒訪問して、茶代とは、どういう意味か、今でもそれに該当する習慣があるかどうかを尋ねてみた。しかし、どの家でも答は否定的であった。一五〇年ほど前までは使われていた言葉と習慣が、今ではまったくといっていいほど、忘れられているのだ。

しかし、さきに紹介したように、この勝山市や大野市一帯では、イリコといって麦焦がしを番茶でかいて食べる習慣がある。自宅のまわりに茶の木があり、番茶を作り、それで麦焦がしを食べていた地域に「茶代」という言葉があったということは、茶は食でもあるとの解釈をいっそう強化するものである。

中世の民俗芸能と茶

静岡県藤枝市の山間部、滝沢の八坂神社境内で毎年二月十七日の夜に行われる田遊びは、中世以来の田楽系の芸能がたくさん残っている静岡県内にあっても、美しい旋律と古風を留める構成で知られる。その中で、「御神田の山田打ち」と題し、餅を竹竿の先につけて鍬に見立てて、爺・太郎・次郎の三人がこんな会話をかわす場面がある。

今日は御神田の山田打ちにて候、次郎と太郎を水落としにやったれば、何処かへ寄って茶を打食らってその水のはばかったこと、エヘン、ザブリ、ザブリ

図19　滝沢の田遊び（静岡県藤枝市滝沢・八坂神社）

爺がこう言って鍬をうつと、ついで太郎が同じセリフのうち、太郎のところを爺に変えて同様に行い、ついで次郎も同様にする。つまり、やらねばならない水落としを、どこかで「茶を食って」さぼっていたという筋なのである。

中国地方には、大田植えという華麗な田植えがある。早乙女が田植えをするかたわらで太鼓や笛がはやす。そこで歌われる歌は、田植えという きびしい労働の疲れを少しでも癒そうという意図と、サンバイサマと呼ばれる田の神様をなぐさめて豊作にし

てもらおうという願いとがこめられている。この大田植えの詞章は、田植草紙と呼ばれる古い写本があることから、中世の雰囲気を濃厚に漂わせていることで有名である。じつは、書き留めた時代は新しくても、ほとんど同じ内容の詞章を記した本が大田植えを伝承してきた多くのムラに残されている。たとえば、広島県安佐郡可部《かべ》町の大毛寺叶谷本「田植歌双紙」(『田唄研究』一)には、

宇治や高野に新茶をつめば
新茶の目だちがかごにたまらばやの
露をはらふてつむろふ寺の新茶を
茶つみおなごハぬれつら袖をほそふよ

というような、宇治の茶摘み風景を歌ったものがある。田植えの時期と茶摘みの時期がほぼ同じであることから採用された内容だろうが、この詞章はほとんどの歌に見られる。

非常にたくさんある詞章がいくつかのグループに分類されているのも田植え歌の特徴で、そのグループごとに朝の歌とか昼の歌、というように一日の作業の中で歌う時間がほぼ決められている。この可部町の場合、そうしたグループのうち、「是よりのぼり歌ニなるうなりの部」とある最後の歌の次に、「のぼり歌をうたへバうたふべきものなり時刻ハ凡《およそ》昼

後茶迄ニうたふへき事也　送り附のうなりより是迄が下り歌と心得へし事」と注記があり、さらに次のグループの名称として「田主のはじめ　茶より後の部と心得べし」とある。島根県邑智郡石見町中野字森実の「中野村有久本田唄集」(『田唄研究』二)にも、まったく同じ文言が見える。

このように、茶という言葉が食事そのものを意味しているのは、なぜだろうか。一般には食事にともなって必ず茶を飲むからであると解釈されてきた。しかし、食事の名称そのものを「茶」といったのだとしたら、これに関するいろいろな疑問がすべて解決できる。たとえば、「お茶にしよう」という表現が休憩をしようという意味になるのは、何か食べる時は茶を飲むからというような間接的なものではなく、食べ物としての「茶」を食べるための休憩であるから、茶にしよう、ということになるのである。

そして、その茶こそ、今まで見てきたようなさまざまな形態をもつ「茶」であったのである。それは、たまたま飲み物としての茶を添えて食べるというようなものではなく、茶の利用方法と本質的に結合した食の形態であった。

「茶」は食そのものであったのだ。したがって、その基本的な素材としての茶葉が、食の象徴となることも自然のなりゆきである。また食物を調理して家族に食べさせるという主婦の権能が、茶で象徴されるようにもなる。これから述べる女性と茶との因縁の始まりは、ここにあったといえるのである。

茶を飲む女たち

結納茶

婚姻と茶とは深い関係がある。福岡県や佐賀県に行くと、お茶屋さんの店頭に派手な水引細工の結納セットが並んでいる。おきまりの松に鶴亀のほかに、目をひくのは飾りの中央に据えられた茶筒や茶壺である。いずれも金ぴかに仕上げられたもので、中にはもちろんお茶が入る。九州の人にとっては何の違和感もないだろうが、静岡市に住む私がこの話をはじめて聞いた時にはたいへん驚いた。というのは、静岡市内では、お茶は不祝儀の時の贈答品であって、婚姻にお茶は避けるものという常識があったからである。まさに所変われば、といった感を深くしたのだが、もうひとつ興味を引いたことは、結納茶として贈るお茶は決して上等のものではないということだった。それなりに値が張るものを入れるから贈り物としての価値も出るのに、という素朴な疑問に対して、地元の人は、こんな説明をしてくれる。いいお茶はよく出る、悪いお茶は出にくい、ということから、いったん嫁いだら簡単に戻るなよという意味である、あるいは、お茶は地中に深く根をはって植えかえがしにくいから、等々である。

この習慣はほぼ九州全域に見られる。こまかく言うと、中央にすえる茶の容器の形に地域による好みのちがいがあり、茶壺をおいたり、茶筒を俵のように何本も積み上げたりと、さまざまである。そして、結納のことを「茶を入れる」といい、「もう茶はすんだか」というのが、年頃の娘をもつ知人に対する挨拶にもなった。結納金のことを「茶銀」、添えてやった帯を「茶帯」という言葉も広く聞かれる。さらに、こうした茶の贈答だけで実質的な結婚とみなし、費用のかかる披露宴を省略することを「チャヨメイリ」ということもあった。茶と婚姻とが不可分な関係にあることがよくわかる。

図20　茶壺と茶筒を中心に組んだ結納品
（佐賀県佐賀市内）

じつは、中国の少数民族の間の婚姻習俗にもよく似た例があって、お茶や砂糖あるいは煙草が贈られることが多い。茶を贈る理由も、植えかえができないからだと言っている。したがって九州におけるこの習慣は、中国の儀礼の影響を受けたものではないかという考え方がある。

ところが、茶を結納に際して贈る習慣は、さきにあげた四国の石鎚黒茶の産地にも存在した。結納の時、苧《からむし》と茶を持参したのだという。また、九州から遠く隔たった新潟県から福島県にかけてかなり広く行われていた。近世に屋代弘賢《やしろひろかた》という学者が、全国規模で民俗学的なアンケート調査を実施したことがあり、それに対する回答が十数ヵ国分残っている。そのうち、「越後国長岡領風俗問状答」には、現在の新潟県長岡市周辺の事例が掲載されており、豪商の家で縁組が決まると双方から「たのみのしるし」として樽（酒）肴に添えて必ず茶二斤を贈る。この茶は親類に少しずつ配り、これがすむと約束を違えることはしない習わしであり、このことを「茶がすむ」というと記されている。続いてこの習慣の起源に関する説明があって、「茶は二度植ゑかゆればそだたぬものなれば、それをなぞらへてかくすといひ侍り」とある。さきに紹介した解釈と同じである。

嫁の茶配り

この逆に、嫁入りに際して茶を持参する習慣が、静岡県・山梨県・神奈川県の三県が接するあたりに見られた。たとえば、山梨県の富士吉田市では、嫁方の親類の女の子が布袋に入れたお茶をもって嫁入りの行列に参加する。これを「お茶吊るし」といい、婚儀にも席が用意されていた。静岡県の御殿場市では、茶袋が嫁入り荷物のひとつであった。同市山の尻に住む滝口とし子さん（明治四十年生まれ）が嫁に来た大正末年には、きれいな布を接ぎあわせて作った茶袋に茶を少々入れて持参した。ついで昭和二十六年に、とし子さんの息子のところに来た嫁は、上記の茶袋に茶をいれたものといっしょに、まったく同じように作ったコブクロ（小袋）に米一升を入れて持ってきた。米一升は「一生いるように」という意味だという。さらに昭和六十二年に来た孫の嫁は、実家の祖母が作ってくれたコブクロだけになったが、それに婚礼セットとして結納屋が用意した赤いコブクロとジューカケが包装されたままついてきた。わずか半世紀ほどの間でも、こんなにも形骸化が進んだのである。

隣接の静岡県裾野市では、近世文書に婚姻に際して茶を贈る習慣があったことが記されていた（『裾野市史調査報告書・深良の民俗』）。「文久二年（一八六二）戌四月十日　伊賀婚礼ニ付諸入用覚帳」は、同市深良村松井家の「いか」という娘の嫁入りに際しての諸経費を記録した帳面であるが、その冒頭に、双方の仲人が四月二日に持参した結納品の目録があり、縮緬《ちりめん》の小袖、どんすの帯、酒などとともに「御茶　二袋」が出てくる。そして結婚式当日の「聟入り土産之品」七品のうちにも「茶　二袋」が含まれている。この聟入りというのは、近年の習俗にも残っていて、式の当日、まず貰い方から聟・仲人一人・親戚など五人が嫁方にやってきて軽く振る舞いをうけ、さらに聟が近所まわりをすることをいう。史料に戻ると、式のあと、双方の仲人に対して礼品を贈った記録があり、唐木木綿一反など五品のうちに「茶　壱袋」が入っている。このように、史料の上では、婚姻の成立に茶が大きく関わっている様子がうかがえる。しかし、現在では結納や仲人礼の中に茶が含まれるという伝承はすでにない。

ただし、御殿場市のような、嫁入りに際して茶袋などと呼ぶ小型の布袋を持参する習慣は近年まで存在した。同じ深良の場合、コブクロに二〇〇グラムほどの茶を半紙に入れてひねったものが入れてある。コブクロは底が一升枡と同じ大きさで深さは二五センチほどの巾着型。表は絹、裏は木綿の布を縫い合わせたもので、これにジューカケ（赤い絹に鶴亀などが刺繡してある）をかけ、お盆に載せて持参する。コブクロは婚家において祝儀・不祝儀の時にお米を入れて持っていく時に使う。コブクロはほとんど母親の手作りで、子供ができるようにという意味があり、子袋という漢字があてられることが多い。

江戸時代に歌われていた民謡を集めた「鄙廼《ひなの》一曲」のなかにも、かつてよく似た習慣が行われていたことをうかがわせる近江の歌が掲載されている。

娘可愛さによい茶をやろに　娘もどさば茶も戻せ

これは、自分の可愛い娘だからよいお茶をつけてやったのに、娘を返すというならそのお茶もいっしょに返してほしい、というような意味だろう。ということは、近江においても嫁入りに際して茶を持参する習慣があった可能性が高いということになる。

このような婚姻にかかわる茶の習俗は、日本人がある時期に茶を受け入れたあと、あらためてそれを採用したのではなく、やはり茶そのものに付随して最初から日本に入ったとみるほうが妥当であろう。この習俗が中国の漢民族の間でも普遍的であったのかどうか、私には今のところわからない。しかし、すくなくとも中国の少数民族の間に日本と類似の習俗が見られるということは、漢文化の圧倒的影響力が及びにくい周辺部において、古い習俗が残存していると解釈することも可能である。また、こうした習俗が浸透したのは、茶が単純な飲み物ではなく、むしろ食べ物の一種として日常生活に深く食い込んでいたことが大きな理由であると思われる。

カカザ・カシキザ・チャニザ

囲炉裏の四辺には、家族の誰が座るのかが決まっていた。それは、家族内におけるさまざまな役割と地位の象徴でもあった。主人が座る場所はヨコザと呼ばれ、たいてい神棚の下、寝室であるナンドの前ということになっている。子供がそこに座ると、そんなところに座ると米を買わなければならんぞ、とたしなめられた。ヨコザは一家の生計を支える者が座る場所なのである。

そして、その配偶者である主婦の座はヨコザの脇にあった。ヨコザと違ってその呼称はじつに多様である。たとえば、静岡県の例だけをとっても、キジリ・モヤオキなどのように燃料に関するもの、カカザ・ヨメザ・オッカーザ・カカザシキ・アネザシキ・ババザなどのように座る人の家庭内の地位に関するもの、カッテザシキ・カッテバ・ダイドコ・ナガシイバなどのように調理の場に関するものなどが報告されている。

こうした主婦の座の特色は、やはり主婦の権能である調理にかかわる呼称が多いことである。ここで注目されるのが、滋賀県あたりから西の本州と、九州の南半分に見られる、チャニザ・チャネンザなど、「茶を煮る場」という意味の呼称である。それに対して、東日本には類似の呼称がない。かわって、さきにあげた多様な呼称とともに、カシキザというのがある。カシクは漢字をあてれば炊くであって、食事の支度をすることを意味している。つまり、主婦の座席名は、主婦そのものをさす以外には、囲炉裏を中心とする火の管理と、調理に関する呼称が大部分なのである。そこで、チャニザという言葉の意味が重要になってくる。

類例をさらにあげれば、チャセンザ・チャノザなどがある。これらは一般には、食事に際して飲むための茶を煮る（今までみてきたように番茶は煮出して飲む）ことからついた名称であるとされてきたが、座席の呼称がそこにすわる人の本質にちなんで命名されていることを考えれば、茶が食事の付属品であるという前提では、命名のルールに該当しなくなってしまう。つまり、茶を煮る、ということは、あくまでも炊くと同義の、食本体を作るという意味をもった行為でなければならない。「茶を煮る」ことが主食を調理するということならば、その具体的内容は茶をベースにしたもろもろの食事、すなわちさきほど見てきたような、茶粥・振り茶・イリコといったようなものが該当しよう。

同様なことは、茶の間という表現にもあてはまるのではないか。これも家族が茶を飲む場所という意味とされてきたが、むしろ茶を食べる空間、というふうに位置づけるべきではないだろうか。さらに茶碗という名称に注目してみよう。家庭では、ご飯を盛るのが茶碗ないし飯茶碗、茶を飲むための容器は決して茶碗とはいわずに、湯飲みないしわざわざ茶飲み茶碗と表現している。茶碗という呼称それ自体が茶道で使用する抹茶茶碗からきた可能性はもちろんある。とくに上部が開いた形態はよく似ている。しかし、柳田国男が『木綿以前のこと』において、きわめて詩的に表現したように、手のうちに輝く白い陶器が庶民の家庭に普及するのは江戸時代になってからである。それ以前から庶民の暮らしに茶をベースにした食べ物が存在していたら、そのための容器は白木のものであっても当然、茶の椀と呼ばれたであろう。抹茶茶碗の形態がそれにとってかわったにしても、本質的には「茶」碗であったのである。

こうした推定を裏付けるのは、さきに見たチャニザなどに類する囲炉裏の座の呼称が西日本にしかないこと、その範囲において茶粥が見られ、振り茶の習慣も圧倒的に西日本に多いという事実である。これがなぜ裏付けになるのだろうか。それは、日常の食の基礎となる番茶は、自家製であることが大前提であり、それを物語るようにヤマチャと呼ばれる自生の茶が分布しているのが、まさに同じ地域であるからだ。

もちろんあらゆる食事が茶をベースに作られているということはありえない。しかし、日常食の重要部分に茶が不可欠であったということが、食や住に関するものごとの呼称の語幹に据えられることになったとみて間違いあるまい。

のちに茶道の普及によって茶のステータスが向上し、茶が次第に商品化し、生産地以外でも消費されるようになってくると「飲料としての茶」という観念が確立し、それが「食としての茶」という茶の本質にかかわる重要な側面を忘れさせるようになった。しかし、食と結びついたくつろぎの気持ち、食をとるための休憩時間、食事は原則として家族や仲間ととる、といった食としての茶そのものに備わっていた諸要素が、現代においても茶にまつわるさまざまなイメージ形成につらなっていると考えられよう。

茶飲み嬶

長野県の民俗研究に大きな足跡を残した向山雅重氏の『信濃民俗記』にたいへん面白い事例が載っている。囲炉裏を囲んでの茶飲み話が誰彼の批評におちいり、思わぬ噂が飛び交ってひどい目にあうことがあるが、その噂の発信人あるいは媒介者となるのが「茶飲み嬶《かかあ》」といわれる「そこらを、お茶をのんで歩」く暇な年寄りであるという話である。女の人が隣近所をお茶をのんで歩くことを極度に警戒するといった空気が生まれ、年寄りの外出などにも響いてくる。「近所へ遊びにいくもいいが、つまらぬことをいったりしないよう気をつけておくんなよ」と言われてしまうのである。

女性とお茶とのかかわりについては、江戸時代初期の農民統制令である「慶安の御触書」にある条文が有名である。

男ハ作をかせぎ、女房ハおはたをかせき、夕なへを仕、夫婦ともにかせき可申《もうすべく》、然《しから》ハみめかたちよき女房成共《なりとも》、夫の事をおろかに存、大茶をのみ物まいり遊山すきする女房を離別すべしじつはこの前に、「酒茶を買のみ申間敷候」という条文がある。酒や茶を買ってのんではいけない、という意味である。これと前後して出された禁令の中で農村における酒造が禁止されており、全体では貨幣経済に巻き込まれて無駄な金を遣ったり贅沢をするのを禁止したものととれる。

しかし、ここで、茶は日本のかなりの地域で自家用に栽培されたり、ヤマチャという形で採取することができ、それが可能な地域では例外なく番茶を作っていたという事実を忘れてはならない。つまり、関東以西の農村においては、農民が日常の茶を買って浪費をするということはありえないのである。したがって、ここに出てくる茶の意味は、高価な抹茶とそれに付随する茶の湯といった贅沢な行為をさすという解釈が成り立つ。

そして、もうひとつ、さきに見たように茶を媒介として女性が集まり無駄口をたたくといった、女性の集まりそのものを禁止したのだという解釈も可能である。

お茶呼び

女性の集まりといえば、かつてそれぞれの家で結婚式を行っていた頃は、手伝ってくれた近所の女衆を翌日あたりに招いて慰労会を開くことが多かった。これをお茶呼び・お茶振る舞いなどと呼ぶ。実際には酒も出るのだが、あえてお茶という表現を使用している。また、式の後で嫁が近所に挨拶まわりをする際、さきほどの嫁入りにお茶を持参する習慣のある地域では、お茶そのものを配っている。たとえば、静岡県沼津市香貫地区では、三三九度のあとに近所まわりをするが、そのとき添え嫁がお盆にお茶を載せていく。近所ではこのお茶を少しとり、お返しに梅干しを二、三個、紙に包んでくれた。「チャッチャ、ウメウメ」すなわち、早く産め産め、という意味だという。あるいは、結納茶が行われている九州では、嫁のお茶配り、と称してやはり式の翌日に嫁と姑が挨拶回りをしてお茶を配る。

お茶を配ることとは、お茶呼びの慣行から類推すれば、家に招いて接待することと同じ意義をもつものであろう。つまり、これらは、あらたに地域社会の一員となる嫁の、女性仲間への入会儀礼として位置づけられよう。

これはいささか極端な例ではあるが、滋賀県の琵琶湖の沖島では、婚礼はすべて女性だけで取り仕切られる。そこでは、親類同士の固めの宴に続いて「茶わかし」が行われる。これは、花嫁がお嫁の仲間に入れてもらうために、村中の若嫁をよんで仲間入りをする儀式で、若嫁たちにお茶をふるまって歩くという（『聞き書　滋賀の食事』）。

日本の民俗では、男性の集団に対する入会の儀礼は非常に厳格である。とくに若者入りの儀式は、成人儀礼をも兼ねる場合が多く、そこでは先輩から盃を受けたり、同年齢の者同士が酒を飲みあうことになる。婚姻のあとの女衆のお茶飲みの会は、男性社会の集団への入会儀礼と対比させることができよう。つまり、男性社会＝酒、女性社会＝茶、という図式を描くことができる。

男と酒、女と茶

酒と茶との対比は、早くから人々の興味を引いていたとみえ、酒と茶が合戦するという戯作的な物語が作られている。寛永頃の刊本である『酒茶論』（『室町時代物語大成』第七巻）は、酒と茶を擬人化して合戦させ、優劣を競うという趣向である。そこでは、茶や酒に関する幅広い知識と、さまざまな言葉遊びが披露される。教養人にとって、酒と茶は、いかにも対照的な存在に映ったのであろう。ただし、この文学作品における酒茶の対比の場合の茶は、基本的には茶道における茶であって、決して番茶を視野にいれての立論ではなかった。

男に酒、女に茶、という図式に関して、ここで明確にしておきたいことは、この対比を、そのまま男性＝公式・表、女性＝略式・裏、というふうに解釈すべきではないということである。たとえば落語の「長屋の花見」のように、貧乏長屋の一行が花見に行って、酒のかわりに茶を飲む、というような、茶は酒の代替物という考え方はとらないということだ。

この問題は、家の中で本来女性が占めてきた地位と役割に深く関わっている。さきに囲炉裏の座名が主婦の調理の権限と関わっていることをもとに、茶煮座などの座名の存在を、茶が食の一環であることの例証とした。囲炉裏の座名に関しては、別な観点から坪井洋文氏がかつて次のように総括している。すなわち、主婦の座名は概して、一家の主人に相当するようなウワカタ（上方）・ワガザ（上座）・カミザ（上座）などと、敬意をこめた名称が多くあてられているのに対して、一家の主人が座る場所として厳格に区分されてきたヨコザをはじめとする亭主座・奥座・西座などは、正式に家長の座としての権威を示す語とは考えにくいのが多い。たとえば、ヨコザというのも、一般には敷物を横にして敷くからであると解釈されていたが、むしろ主婦の横に座る席としての名称である可能性もあるという。そして「主婦の名称が家長に対して優位の立場を意味するのは、家の生活の支配者としての地位と役割を担うものであったからだといえよう」と指摘している（『日本民俗文化大系』一〇巻）。

この分析は、茶と女性との関係を理解するうえで非常に示唆的である。これまで見てきたように、茶が日本人の日常生活の中に採用されたのは、現在の文献上で確認されるよりも古い時代と推定され、同時に茶は最初から調理と密接な関係をもっていた。ということは、男性が外に対して家を代表することになる以前、つまり公的な儀礼の中で男性中心の酒の儀式が固まる前から、家の中では男性を圧倒していた女性の権限を茶が象徴していた、という評価ができるからである。

つまり、女・茶という組み合わせは、男・酒という組み合わせとまったく同等あるいはそれ以上の重みをもって位置づけられる。言い換えれば、女や茶が略式とか裏側であるという問題ではなく、男性と同じ次元に立って分け合った女性独自の権能に基づいているのである。従来の茶と酒との対比論は、やはり無意識のうちにも男性中心の論理に縛られていたと、私には思える。

とくに日常の茶が酒の正式に対する略式、という考え方についてみると、たとえば守屋毅氏は、千葉徳爾氏に続いて、茶を食としてもとらえるという視点を早くから提唱し、近世常民の茶について卓越した分析をしたが、結論的には、食としての茶が、伝統的な食事体系に対する「やつし」「もどき」であると規定している（「近世常民社会と茶の文化」『茶の文化——その総合的研究』第二部）。しかし、常民（庶民）にとって規範となるような食事体系なるものが、古くから存在したかどうかは疑問である。むしろ、常民の食生活には早くから茶という食物も取り込まれていたと考えるほうが合理的である。

あらためて強調すれば、茶は、正式・略式とか、表・裏、正規の存在に対する「やつし」や「もどき」という対比の中で、劣位に置かれる存在ではなかった。茶は独自の機能と社会的な意味をもったモノであり、酒の裏方ではない。したがって、茶と不可分の関係にあった女性の立場もまた、男性の裏方ではない、という事実が確認されることになる。

お茶が仕分けるウチとソト

村の中で道が交差する所などに建っているお堂を辻堂といった。中には地蔵やお大師様の像が祭られ、近くの人々が毎日線香や花をあげて大切に守っている。子供たちにとっては遊び場所の一つだし、若者の溜まり場として、ときには近隣の村の娘たちにちょっかいをだしに行く相談の場ともなった。村人の集会場としても使われたようで、静岡県の引佐町ではジゲドーと呼んでいるところもあった。ジゲとは、西日本でムラを表す言葉である。

四国の茶堂

さて、四国の各地にあって、こうした辻堂にあたる建物が茶堂である。毎年夏になるとここに村人が交代で詰めて、通行人にお茶とお茶請けを提供する習慣がある。もっとも、どこでも茶堂と呼んだわけではなく、むしろ単にお堂とか、中に祭られているお大師様にちなんで、大師堂と呼んだりする方が多かった。

お堂の位置は、ほとんど村はずれの旧道沿いである。夏場に道を行き来する商人やお遍路さんにとって、村人がふるまってくれるお茶はたいへんありがたいものだった。床の端に腰掛けては、接待の村人や行き合った人々と、世間話に花を咲かせたものという。お茶の支度と茶菓子を用意する順番を記した「茶板」とか「茶番帳」が回される村もあった。たとえば、高知県幡多郡十和《とおわ》村戸川地区の茶堂の前の道は、駄賃持ちや遍路・行商人、あるいは土地の産物を担いだ人々で人通りが絶えなかった。ここでの接待は旧暦六月二十一日から一ヵ月間で、毎日朝八時頃から夕方五時頃まで、二、三人の者が「茶番帳」に記された順にしたがって茶堂に詰めて接待にあたった。当番になると、自家製の番茶とオハゼと呼ばれるキビ・大豆・米などの炒り物を用意し、茶を沸かしてオハゼとともにまず弘法大師や地蔵菩薩に供えてから接待を始める。接待始めの日を「茶屋始メ」、最終日の七月二十一日を「茶屋上ゲ」といった。とくに茶屋上ゲには、太鼓と鉦《かね》に併せて大念仏を唱和した。ここでの接待は、道路の整備と交通機関の発達によって昭和四十年頃を境に廃止になった（文化庁文化財保護部『茶道の習俗Ｉ』）。

歴史的にさかのぼって見ると、高知県内では、十六世紀末の「長曾我部地検帳」に、茶屋・茶屋堂・茶屋ヤシキ・茶庵・茶庵堂・茶ヤン・茶エンなど、合計八三ヵ所も記載があり、その大部分は海岸地に近い東西を通る古くからの主要道路の周辺に集まっているという（前掲書）。もちろん、ここに出てくる茶堂がどんな構造の建物で、そこで何が行われ

図21　茶　　堂（高知県高岡郡檮原町）

図22　遠州大念仏（静岡県磐田郡豊岡村大平）

ていたかは、今としては知ることができない。だが、現存する茶堂と大きな隔たりはなかったのではあるまいか。今見ることができる茶堂は、たいてい三方が吹き抜けで、奥面だけが壁になっていて、それを背に弘法大師をはじめとして地蔵や庚申塔《こうしん》、さまざまな供養碑が祭られているのが普通である。床は板張り、屋根はもともとは茅葺きだったが、瓦屋根に改造されたものも多い。もちろん、三方に壁をつけたものもある。

茶で接待する意味

茶堂が注目されるのは、そこでお茶の接待がなされるという点にあった。いったい何のためにここでお茶が出されるようになったのだろうか。まず考えつくのは、四国ならではの旅人、つまりお遍路さんの接待である。だが、お遍路さんの活動が盛んになるのは、春から初夏の頃であるのに対し、茶堂での接待はその季節ではなく、必ず盆を含んだ暑い時である。その期間は、たいてい旧暦の七月一日から同月二十一日とされる。もちろん、前後にのびている例もあるが、重要なのは、盆の期間を含んでいるという点である。全国共通に、盆の期間中は、盆棚にお茶湯《ちゃとう》をあげる習慣がある。これは熱いお茶を湯飲みなどに入れて仏前に供えることで、とくに、関西地方では日に七度とか七五回とかたいへんな回数を供える所もある。

盆は、祖先や亡き肉親の霊が子孫の家を訪れる時である。迎える家人は、やって来たお精霊様（オショーロサマなどと呼ぶ）を手厚くもてなした。普段の仏壇とはべつに設置される盆棚には、季節の野菜や素麵が供えられ、盆の期間中は生ける家族と同じ食べ物を供える。そして、盆の最終日には送り盆と称して、精霊を再び冥土へと送り帰すための儀礼が盛んに行われた。各地の盆踊りはその典型であるが、旧遠江国、現在の静岡県浜松市周辺には遠州大念仏と呼ばれる、供養のための念仏踊りが今日でも盛大に行われている。この大念仏の由来については次のような伝説がある。元亀三年（一五七二）、武田信玄と徳川家康が三方《みかた》が原で対決し、大勢の戦死者が出た。後になって稲の害虫が発生した時、これは非業の死を遂げた戦死者の霊のなせるわざであるとされ、鎮魂のために始めたのが遠州大念仏であるというのである。現在おおよそ八〇ほどの大念仏団があり、自分たちの地区のほか、近隣の初盆の家々の庭先で踊りを披露する。

大念仏の一行が訪れることになる初盆の家は、意外にも賑やかである。客間にしつらえた仏壇の前に、故人の子供たちや親戚から山のように花が贈られ、葬式の時よりも豪華になる。家の門口にはあかあかと松明を灯す。やがて遠くの方から夜空を震わせて双盤《そうばん》の音が響いてくる。直径八〇㌢もある青銅製の巨大な鉦を二つ、向き合わせに青年が担ぎ、藤の根で作った撞木《しゅもく》で叩くのである。やがて笛の音が聞こえだすと、笠《かさ》を目深にかぶった踊り子が、締め太鼓を打ちながら初盆の庭に入ってくる。そして、太鼓を地面に据え、故人の家族や親戚衆が見守る前で激しい踊りを披露する。一踊りすんだ休憩時には、飲み物・食べ物が提供され、それが終わると「お茶の踊り」となる。静岡県天竜市熊という地区ではこんな詞章が歌われる。

ここへ来て　思わぬお茶呼ばれ　お茶のお礼に歌を一節
お十七が　七つ小袖を召しそろえ　心ありげにお茶をくみそう
このお茶は　宇治の銘茶か熊の茶か　旅の疲れで味やわからぬ

長い旅路を経て子孫の家を訪れた精霊が、出されたお茶をほめているのだが、このお茶こそ仏前に供える茶湯に他ならない。日本の年中行事には笠をかぶって家々を訪れる神がたくさん登場する。笠は、神であり同時に他界から訪れた祖先の霊を象徴している。つまり、踊り子は、踊りの庭においては、人間ではなく、子孫のもとを訪れた祖先の霊なのである。したがって、踊りの合間に提供するお茶は、まさに祖先に対する供養の茶に他ならない。そして、こんな詞章が続く。

辻つじの茶屋のかかりを見て見てやれば　黄金柱によしぶきの茶屋

この茶屋は、茶を提供する施設のことである。三重県の志摩半島の海岸では、盆踊りを行う砂浜にテントを張り、そこでシンモー（初盆の家のこと）の家族が踊り子たちにお茶の接待をする。このテントを、お茶小屋とも接待小屋ともいう。

つまり、茶屋というのは、現実の世界では峠にあって旅人に一服の茶を飲ませる場であるが、同時に冥界からやって来た亡き人の霊に対する接待の場であったのである。

となれば、盆の期間を中心に接待を行う四国の茶堂は、通りすがりの旅人を帰ってきた祖先の霊にみたて、茶湯をそなえて供養するための施設であったということになる。そこでは、境界を越える儀礼として、茶を飲むことが必要だったのである。茶には、境界を区分する機能があるということになる。このことは、いわゆる峠の茶屋の意義にも通じるものであろう。

境界の茶

ひとの家を訪れて、用事が玄関先ですんでしまった時など、「お茶もださずに申し訳ありません」という詫びの言葉をよく聞く。反対に、自分は丁寧に挨拶したつもりなのに、簡単に追い払われたような感じの時には、思わず「お茶も出さずに」と思ったりする。

この場合、「お茶」はたいへん象徴的な意味をもっている。つまり、だれかが自分の領分に入ってきた時、お茶を出すかださないかが、その領分に入ることを正式に認めたかどうかを示す目印になるからだ。気に入らない相手には、お茶をださないどころか、帰ってから塩をまくということにもなる。反対に、歓迎すべき客ならば、中に招じ入れてお茶を出す。家の内部を、心を許した空間とするならば、家の外は、常に緊張を強いられる油断のならない空間である。そのふたつの異なった空間の境界を越えたか、越えなかったかの指標が、一杯のお茶ということになろうか。

朝茶、という言葉がある。これは、茶の本質に深い関係をもつ言葉である。ひとつは、さきに見たように、朝の仕事の前に口に入れる簡単な食べ物のことをさしている。もうひとつ、朝に飲むお茶については、こんな言い回しがある。

埼玉県秩父郡横瀬町では、朝、仕事に家を出る前に飲む茶のことを朝茶といい、朝茶はその日の難を逃れるものだから必ず飲むもので、とくに茶柱がたつと縁起がいいといい、島根県仁多郡仁多町では、朝茶はマンがいいものだから、朝、他人の家に行って茶がでたら断るものでないとされる。これは、その日の仕事のために家をでる時、必ず茶を飲むということであり、それは家のウチからソトへと移動する時の儀礼として、茶が必要であったということを示しているといえよう。

家の内外を区分する目に見える境界線は、敷居である。子供のころ、母の実家に遊びに行き、大きな母屋の入り口の敷居にまたがっていたら、祖父から、そこに腰掛けるものではないと厳しく叱られたことを思い出す。そこは、民俗的世界観からすれば、どっちつかずの不安定な空間であったのだ。同様に、ふたつの地区の境界領域を目に見えるかたちで示しているのが峠である。峠にもお茶は深い関わりをもっている。

昔から峠を越える時には、峠の神仏にシバ（あおい葉のついたままの木の枝）を供えて道中の無事を祈った。峠を越えた瞬間、涼風が吹き通り、眼下に新しい谷の風景が広がる。その近くにはたいてい茶屋があって、お茶やまんじゅうなどを売っている。映画で見慣れた道中風景だが、全国の名だたる峠には必ずといってよいほど、実際に峠の茶屋があったのだ。そこの床几に腰掛け、渋茶を味わうとき、喉の渇きが癒されるだけでなく、まさに峠を越えた、つまり境界を越えたという実感が味わえるのである。ここで飲む茶の意義は、本人が意識するとしないとにかかわらず、やはり境界越えの儀礼という意味をもった茶であった。

寺院と茶の木

記録に留められている限りでは、茶は飲用され始めた頃から寺院と深い関係をもっていた。古田紹欽氏によると、中国北魏の時代に書かれた『洛陽伽藍記』に、茶飲という語があることから、禅林での飲茶の風はすでに行われていたと推定されるという。そして、唐の時代には禅の修行中に眠くならないために茶を飲むことが勧められていた。元代に改定されたものとはいえ、「勅修百丈清規《しんぎ》」には叢林中に茶を司る茶頭という役職があったことが示されている。

鎌倉時代、日本の上流社会に茶が再導入されたときには、当然このように茶と禅林とが結びついた形で入ってきたはずである。そして、中世の茶産地として知られるのがほとんど寺院であることは、まさに実質的な目的があったからと思われる。同時に茶は、中国文化の象徴として高雅な雰囲気を味合わせてくれるものでもあったから、寺院で作られる茶は、支配階級の武士や貴族にも大いに珍重された。

寺院と茶とが最初から深い関係にあったことは、祖先の供養を大きな目的とした日本人の仏教信仰の中で、茶が祖先供養の儀礼に欠かせないものとなる原因になったと考えられよう。

亡くなった人に対する供養の茶、という観念はすでに中世末期には一般化していたらしい。狂言「通円《つうえん》」では、宇治橋のたもとの茶屋で、大勢の人に茶をたて過ぎて死んだ通円という茶屋坊主の供養のために茶湯をたてて手向けをする、という場面があり、同じく「川上地蔵」では、願掛けのお籠もりで湯茶を進ぜる話がある。また、さきに引いた『酒茶論』でも、茶の特徴のひとつとして「古塚に供え置きたる茶の湯こそ涙の露の玉祭なれ」という歌をあげている。古い墓に茶湯を供えて亡き人の霊をまつるという意味である。

神奈川県の大山にある阿夫利神社は、雨乞いの神として、県内をはじめ西は静岡県、東は東京周辺の人々からあつい信仰を寄せられている。この大山の登山口にある涅槃寺（伊勢原市）の本尊は等身大の釈迦涅槃像で、海中から出現したとされる。涅槃寺の通称を茶湯寺というのは、亡き人の百日目に家族がこの寺に参詣してお茶湯をあげて供養する信仰があるからである。僧に読経してもらったあと、仏前に供えた茶を家に持ちかえって近所の人を呼んで冥福を祈るという。

茶飯

茶湯と深い関係がありそうなのが、茶飯である。これは茶汁でもって炊いた塩味をつけたご飯のことをいい、茶粥を作っていない地域で、とくに仏事に際して作られる食べ物である。私は静岡市内の住民だが、このような慣行は身辺では聞かない。しかし、静岡県の東部では、葬儀・法事や、信仰関係の集まりに際しては、茶飯を供するという所が多い。たとえば、西伊豆町の漁村である田子では、旧暦五月二十三日に二十三夜さんといって船内の船霊様を祭り、そのあとで船元の家で茶飯を中心にし御馳走がだされるという。

葬儀の参列者に対して近隣の人が作った茶飯を供する習慣も、静岡県の東部では一般的である。沼津市原の場合、今では深蒸し茶をだした汁で御飯を炊いて、塩を少々混ぜる。淡い茶色の御飯にわずかな塩味がして、なかなか美味しいものだ。このあたりでは、チャメシといわずに、オチャハンと呼んでいる。盆の食事に作る所もあって、茶飯は仏事につきもの、という感じが強い。

江戸時代、遠江国積志《せきし》村（浜松市積志）の名主であった高林家の当主の書き残した記録（文化四年〔一八〇七〕八月）には、母の葬式に関して次のような記述が見える。

八日葬送一汁五菜、葬式七ツ半頃済、天竜満水ニ付、川原衆泊リニ成、九日三ケ日二汁五菜、十一日非時茶飯、十二日初七日ニ当ル、斎二汁五菜（以下略）

葬儀のあと、まだ初七日にはなっていないが、悔やみに集まった人に対する食事として「茶飯」を供しているのである。静岡市を飛び越えて県の西部、浜松市内にもよく似た習慣があったことがわかる。

ところが、茶飯はめでたい時の御馳走というイメージもあったのである。東海道原宿（現在の沼津市原）の名家、植松家には立派な庭園や植物園があり、街道を往来する大名や文人がしばしば立ち寄って当主と語り合った。江戸に向かうシーボルトの紀行にも当家に寄ったことが書かれている。この植松家の当主八代目与右衛門季敬が江戸時代末期に記した日記には、外国船の接近などで緊迫する世情が、街道を行き来するさまざまな情報として書き留められていて、たいへん興味深いが、その中に「茶飯」を食べたという記述がしばしば出てくるのである。

試みにその回数を調べてみたら、嘉永六年（一八五三）一月から翌年十二月までの二年間に、なんと八六回も茶飯が出てくる。ただし、そのうち一回は他家から贈られたものであり、また一例だけ朝と夕の二回も茶飯を食べた日がある。なお、毎月五日は父である七代目与右衛門季奥（たまたま祖父も同日）の忌日であるために、おそらく仏前に供えるために茶飯を作ったらしい。また毎月二十四日の天神講、二ヵ月ごとの甲子講にも茶飯を作っている。当家で茶飯を作った契機を簡単に分類してみると次のようになる。

・五日の忌日　一五
・天神講　一五
・甲子　六
・来訪者　二七
・年中行事等　一四

・法事　八

合計　八五回

これから見ると、茶飯はこの家の仏事や行事、あるいは来客（嫁いだ娘の帰宅なども含む）があった場合など、なんらかのハレの食事として作られていることがわかる。日記には日常的に何を食べていたのかという記載は無い。だから、茶飯は特別な契機に際して作られる、特別な食べ物であるというのが当主の認識である。しかも、日記中の表現を用いれば、それは「御馳走」であった。たとえば、嘉永七年九月十五日条では、身延参詣の帰途に当家に寄った「喜太郎えの馳走にて茶飯致候」とある。また嘉永六年三月二日には「宵節供に付茶飯」、七年八月九日には「検見判請取の茶飯」、同月二十二日には「網入（前浜において地引網の組を構成していた）にて茶飯」という具合に、年中行事や仕事の折り目などにも茶飯は欠かせなかった。もちろん、年忌供養に際しても茶飯を作っている。ひとつ注目すべきは、嘉永六年十一月十九日条に「斧五郎祝儀として茶飯重詰到来」とあることで、慶事に際して茶飯の重箱が贈答されていたことである。

つまり、幕末期の植松家では、茶飯は祝儀・不祝儀を問わず御馳走と考えられており、しかも、来客に際して作っている。また近くの沼津市井出では、春秋の彼岸にオチャハンを作るが、さらにコキアゲとヒキアゲ（稲を扱《こ》き終わった時と、籾摺りが終わった時の祝い）に際しては、新米でオチャハンを炊くという。また、盆にも仏壇に茶飯を供える。吉凶ともに変わり御飯として茶飯が登場する。

もちろん、茶飯を作るのは静岡県ばかりではない。福島県いわき市平豊間町では、不祝儀の時には「茶ぶかし」を作る。もち米三升、茶湯一升二合、塩・醬油少々で味付けしたおこわだという。岐阜県武儀郡洲原村では、茶の煎じ汁を入れて炊く茶飯は憂いもので祝い月日には炊かないという。憂いものとは、不幸な出来事に際しての食事という意味である。

したがって、茶飯というと不祝儀という感じは否めないが、これは禅寺の食事にも組み込まれている例があるし、お茶湯を仏前にあげるという習慣とも関係あろう。しかし、本来はさまざまな機会に作られていた食のひとつとして、茶粥と同様に日常利用されていた可能性も高いのではないだろうか。

墓の印に茶の木を植える

静岡県の西部、火防の神として全国に勧請された秋葉大権現（秋葉神社）がある周智郡下で、明治の頃に歌われていた手鞠歌には、こんな奇妙な歌詞がある（『静岡県周智郡誌』）。

図23　墓　　畑（栃木県芳賀郡茂木町河合）

俺ん隣の屋根葺きお上手よ
屋根を葺く時屋根から落ちて
お小夜水汲めわしゃ今死ぬによ
わしが死んだらお茶湯は御免よ
墓のしるしに茶の樹を植えてよ
茶の樹の実が成りゃお母さはははらむよ
（以下略）

子供の遊び歌によくあるように全体の意味は支離滅裂だが、この中にある「墓のしるしに茶の樹を植え」たという一節が興味を引く。現在、旧周智郡で聞き取り調査をしても、死者を葬った印に茶の木を植えたという伝承は確認できない。しかし、神奈川県足柄地方の山中では、実際に墓地に茶の木を植えた事実があり、現在でも古い石塔の脇に茶の株が残っている。また、静岡県富士宮市の山宮には、畑の中に古墓が数基ずつまとまっている所があり、そこにはたいてい茶の木が生えていた。現地でその理由は伝わっていないが、意識的に墓の脇に茶の木を植えていた、あるいは茶の種を蒔いた時代があったと推定される。

こうした伝承をもっとも明確に伝えているのは、栃木県芳賀郡茂木《もてぎ》町の場合である。ここには、ハカバタケ（墓畑）という言葉があって、昔はそれぞれの家のいちばんよい畑に死者を葬り、かたわらに茶の木を植えた。よい土地に埋葬する理由は、たとえ家が零落して農地を売り払わなければならなくなっても、先祖の骨が埋まっている所をまっさきに売るわけにはいくまい、と説明されている。こんな習慣は火葬の普及でなくなったが、麦畑の中に旧墓地の所在を示す濃緑色の茶の木がもっこり見える光景は、なんとなく異様な感じがする。なぜ、墓地に茶の木を植えるようになったのだろうか。

ここで、茶の木そのものがもっている植物としての特性を考える必要がある。茶の木の生命力は非常に強い。植林地を伐採したあと、まっさきに芽をだすのは茶の木である。長年にわたって薄暗い杉林の中に息をひそめていて、空が開けるやいなや、待ってましたとばかりに芽吹いてくるのである。この強烈な生命力は、茶という植物の大きな特色である。

また茶樹の根はまっすぐ地下に伸びてしっかりと大地に食い込む。とくに種から育てた茶樹の根は強いといわれる。したがって、茶の木は植え替えしにくい。結納に茶を贈るのは、いったんよその家に嫁いで根を生やしたら、簡単にかわれないからだというのが、この習慣がある地方での説明であった。

深く根をはるという茶樹の性質は、農業の上で実質的な意味をもって活用されている。静岡県の山間部の焼畑地帯では、家の周りにひらいた急斜面の耕地をハタと呼ぶが、その土を留めるために石垣を組んだり、腐食しにくい栗材をつかったヨセという土留めを作った。そしてその間に茶の種を蒔いて、しっかりと土を固定したのである。明治から大正期にかけて伊豆半島に開拓に入った人たちも、まず斜面に茶の木を植え、飲み茶に利用するとともに、畑の土を確保したという。

こうした茶の木の特徴は、畑などの境界の目印として生かされる。関東から中部地方にかけて、クネッチャということばがある。クネすなわち境に植えた茶の木のことである。常緑でかつ簡単に引き抜くことができない茶の木は、境木に最適であった。おまけに日用の茶がとれるとなれば、これほど有用な植物はなかったからで、これは近世の農書でも勧められている。

かくて、茶の木は、その葉が加工されて飲用や食用に供されるとともに、木そのものとしても特別な役割をになっていたことがわかる。

茶の木と霊魂の再生

昭和天皇の葬儀に際して、柩に茶の葉が詰められたということが新聞で報じられていた。茶の葉を棺桶に入れる習慣は広く見られる。徳島市内のお茶屋さんでは戦前まで、葬儀の時の求めに応じるために古くなった茶葉をとっておいたという。広島県高田郡八千代町では番茶を棺いっぱいに詰めた。その理由は、死者は食べ物を持って行けないのでせめてもの心尽くしに入れるのだとも、屍臭を消すためだとも説明されている。茶葉を詰めた枕を棺に入れる地方も多い。

棺桶にはシキビ（シキミ）を入れるという所がたくさんある。シキミは仏事につきものの常緑樹で、独特の香りをもつ。墓地にさして野犬よけにしたという話も聞く。茶は、死者の埋葬に際して、このシキミと同様な役割を担っている。墓地に椿を植える習慣も見られる。椿はお寺の木とも言われ、屋敷地に植えるのを忌む例も多い。その点では、茶の木にも同様な伝承があり、茶の木を植えると人が死ぬとか、茶種を蒔くとその人が死ぬといわれていた地方もある。

こうした茶の木に関する禁忌は、茶樹がもっている霊性の裏返しであろう。多くの常緑樹に対する扱いと同様、茶の木にも霊魂の再生に通じる信仰が寄せられていたのであった。それはとくに茶の木がもつ強力な生命力に起因するところ大であったろう。

茶は、植物そのものとして、自らが境界性を強く持っていたことがわかった。そして、その境界性は加工された茶が食の一部でもあるという事実とあいまって、茶はウチとソトとを仕分けるもの、という認識をいっそう強化したと考えられる。

茶が分ける二つの世界

周知のように、食そのものが境界越えの儀礼と深くかかわっている。『古事記』に出てくるヨモツヘグイ（黄泉戸喫）の挿話は象徴的である。冥界に行ってしまった妻、イザナミのあとを追ったイザナギは、妻に戻ってほしいと頼むのだが、すでに冥界の食べ物をとってしまった妻は、「黄泉戸喫をしてしまったので帰れない」と、その懇願を拒否する。つまり、いったん冥界で調理された食物を口にした以上、こちら側の世界には戻ることはできないのである。

婚姻が成立する過程に行われる諸儀礼の中で、茶を喫する場面が何度も出てくる。ただし、これらが一ヵ所での婚姻ですべて見られるわけではもちろんない。まず、①東京や神奈川県では一般に、見合いの席で出されたお茶は、一杯目はやむをえないが、相手が気に入った時だけ二杯目を飲む。②福島県白河郡では、嫁迎えの一行が到着すると、まずお茶を出す。和歌山県有田郡でも渋茶を出す。③神奈川県中郡大磯町ではタチブルマイといって親戚や近所の人を呼んで茶会をし、嫁にいく人が一人一人にお茶をついで今までの礼を言う。奈良県高市郡では祖先の霊前に挨拶したあと、出立茶といって簡単な膳につく。④熊本・兵庫・山梨など各県で、嫁入りの一行が途中で立ち寄る中宿（たいてい仲人の家で、ここで衣装を整えたりする）でお茶を呼ばれていく。⑤婚家に到着した時に、オチツキのお茶を出すという例も多い。たとえば、岡山県美作《みまさか》地方では、嫁は縁側から上がり、中の間を通らずに納戸に入って福茶を出された。茶漬け膳を出す所もあったという。富山県中新川郡上市町では玄関から広間に招じ入れられた嫁はお茶を一杯頂いてから、婿の両親とともに仏壇にお参りする。千葉県香取郡千潟町では、雄蝶・雌蝶と呼ばれる子供たちに藁棒で尻を叩かれて家に入り、それからシタベヤで婿方の年寄りから茶をもらう。⑥全国的に普通に見られる習慣で、披露宴の終わりごろに、嫁が普段着に着替えて参会者に茶をついでまわる。嫁のお茶、イケッ茶、ヨメジョ茶などさまざまな表現がされている。⑦披露宴の翌日あたり、お茶呼び、お茶振る舞いなどといって、近隣の女性集団に茶をふるまう。

このように、茶が折り目折り目を演出するうえで重要な役割を果たしていることがよくわかる。ただし、⑥が行われる理由は、禅寺の食事の作法として、食後にお茶を喫するという茶礼ができ、それが庶民の社会に広がっていったのだ、とすることもできる。だが、全体をつうじて、ここでは嫁が主役となっており、その嫁に茶を供する、あるいは嫁が茶を振る舞うこと自体が、これらの儀礼の眼目となっている。だからそこに注目すれば、これら一連の茶にかかわる儀礼が、すでに完成した禅寺の儀礼の一部を採用したというものではなく、茶の本質に直接かかわっているものであることが、よくわかるのである。つまり、嫁が長年生きて来たこちら側の世界（家）を出て、異なった世界に入って行く全過程を通じて、茶を飲むごとに先に進み、もはや後戻りできない雰囲気がどんどん固められていく様子が、鮮やかに見て取れる。目に見えない境界を次々と越えていくのだ、ということになろう。

また、静岡県の駿河東部では、舅《しゅうと》が亡くなった時、棺に蓋をする直前に嫁がお茶をくんで供える習慣がある。たとえば、裾野市富沢では、出棺に先立って蓋の釘をうつ時、その家の主婦が棺の上にお茶を出す。同市茶畑では、僧によって引導がわたされると棺を囲炉裏のヨコザに置く。この棺の上にその家の跡継ぎの嫁が別れのお茶を置くや、ただちに出棺するという報告がある（『裾野市史』第七巻）。これは、明らかに境界越えの儀礼であり、また主婦がそれを司っていることにも注意したい。

このように、茶は境界を区分する象徴的な意味を常に持ち続けていた。茶は、ある家の火を使用して調理された飲食物であるから、それを同じ鍋や薬缶から配分され、同じ場所でともに摂る人々にとっては、仲間意識が強化される役割を果たす。つまり同じ側、同じ世界にいる仲間となるわけである。この意識は、茶道における一座する意識にもつながるものである。日本人の間で茶を核にすえた茶道が発達した最大の理由は、茶が本質的にもっている、食・火・同席、といった要素が巧みに生かされている所にあると思われる。その意味で、庶民の茶とは掛け離れた位置にあるかに見える茶道もまた、その基層においては、茶が原初から有してきた本質をしっかり踏まえているのである。

番茶から煎茶へ

釜炒り茶と蒸し製煎茶

シーボルトが持ちかえったお茶

鎖国下において日本の文化ともっとも深い関わりをもったヨーロッパ人といえば、誰でもシーボルトの名前をあげるだろう。文政十一年(一八二八)、帰国のために船に積み込んだ荷物の中に幕府禁制の日本地図が入っていたために追放処分となり、彼にその地図を渡した高橋景保も処罰されるという、いわゆるシーボルト事件や、娘のいねのことなどがよく知られている。彼が滞日中に収集してヨーロッパに持ち帰ったコレクションは、明治維新後の再来日に際して補強され、また息子たちによってさらに充実させられた。一九九六年、このコレクションが里帰りして各地で展示され、その幅広い内容と質の高さが現代日本人を驚かせた。江戸時代の暮らしを生き生きと伝えるそれらの膨大なモノが、日本にはまとまった形で存在していないという事実に、残念な思いを抱いたのは私だけではあるまい。

この膨大なコレクションの中には、お茶の包みもたくさん含まれている。そこで、国立民族学博物館の熊倉功夫氏の肝入りで、展示中の包みを開封して中身を確認する試みがあった。もちろん所蔵者の許可を得てのうえである。今から一七〇年も昔、それもシーボルトが手にしたに違いない茶の袋を開けるのだ。もうそれだけで心が踊る。

観客が帰ってがらんとした展示場の一角、机の上に茶の袋が運ばれる。参加者はみな緊張の面持ちだ。白い手袋をつけて慎重に取り上げる。袋は、和紙のものと、厚紙の封筒状のものと二種類。和紙の方には、達筆な漢字で、封筒の方にはペン書きのアルファベットで茶銘が記されている。たとえば、「折鷹」「朝日」「ハルサメ」「キセン」などだ。最初に和紙の方を開けることにした。口を縛ってあることよりを慎重にほどく。みつめる皆の目が一点に集中する。包装の形から、この中身はおそらく抹茶のもとになる碾茶《てんちゃ》ではないかと推定されていた。中身が紙の上にあけられると、みんな一斉に声をあげた。

「煎茶だ」。すでに黒く変色しており、香りはまったく失われているが、上質の芽を使用して作られたものであることがわかる。もちろん、蒸し製である。当時は、すでに永谷宗円によって蒸し製の煎茶製法が発明されており、高級茶として江戸では相当の需要があった。ところが、袋を次々に開けていくと、明らかに釜炒《かまい》り製と判断されるお茶が出てきた。しかも、相当よい芽で作ってある。

シーボルトがこれらのお茶をどこの店で購入したのか、また一軒の店で全部取りそろえたのかは、わからない。だが、茶銘のなかには近江信楽産の煎茶のものがあるという。ということは、各地でバラバラに購入したのでなければ、すでに蒸し製煎茶の技術をじゅうぶんに確立していた近江産の茶を仕入れて販売していた店でも、釜炒り茶を平行して売っていた可能性が高いということになる。おおかたの予想に反して、蒸し製煎茶と釜炒り茶が同等の扱いをされていたらしいことの意味は大きい。シーボルトが収集した茶のうち釜炒り茶が半分近くを占めていることは、蒸し製の煎茶が釜炒り茶を一気に駆逐してしまったわけではないことを示している。なお、シーボルトが帰国後に著した『日本』などの書物に記されているのは、すべて釜炒り茶の製法である。それも釜を斜めに据えた、いわゆる嬉野タイプである。これは、シーボルトが住んだ九州では、釜炒り製法が一般的であって、今でも釜炒り茶の愛好者が多いことを考慮しておく必要があろう。

里帰りしたシーボルトの茶は、品質からみて明らかにかなり高価な商品だから、ごく普通の庶民がこのレベルのお茶を日常使用していたとは考えられない。したがって、このことをもって当時の一般庶民が飲んだお茶の質を云々することはできない。私は長野県遠山郷の旧家の古い茶壺に詰められていた一〇〇年ほど前の茶を見たことがある。それを山間部で自家用の釜炒り茶を作った経験のある老人に見てもらったら、明らかに自分たちが昔作ったことのある釜炒り・筵揉《むしろも》みの茶だと言われた。農民の自家製茶としては、やはり釜炒り・筵揉みの茶が普通だったのではないかと想像される。今まで見てきた日本各地の番茶の存在が何よりの証拠である。

番茶から煎茶へ

シーボルトのお茶の製法にこだわったのは、いわゆる番茶が蒸し製の煎茶へと昇格していく過程をしっかり押さえておきたいからである。

さきにも触れたとおり、現在私たちが飲んでいる煎茶は、茶葉を蒸して揉みながら乾燥させたもので、そこでは「蒸す」ことによる殺青と、「揉む」ことによって成分の浸出を容易にさせるという二つの技術が使用されている。できあがった製品は、深い緑色をしており、湯でだした浸出液も、爽やかな感じがする黄緑色となる。これは、今まで見てきた製茶方法のうち、蒸してそのまま乾燥させる碾茶（抹茶）や寒茶などの流れと、釜炒りしてからムシロなどの上で揉む、いわゆる釜炒り茶の流れとを合体させたもの、といえよう。

では、こうした技術は、いつ頃開発されたものだろうか。一般には、その功労者は宇治湯屋谷（京都府綴喜郡宇治田原町）出身の永谷宗円という人物とされ、後世の茶業者が彼の功績を讃えて茶宗明神として神に祭っているほどである。しかし、一人の天才による発明の前には、それを予感させるようなさまざまな工夫が無名の人々によって積み上げられているものだ。蒸し製煎茶の技術もその例外ではなさそうだ。

『万金産業袋《ばんきんすぎわいぶくろ》』という本は、三宅也来という履歴などまったく不明の人物によって書かれたものだが、江戸時代中期に日本各地で種々の産業が盛んになってきた頃の状況をよく示している。その中の茶の項目で、也来は煎茶の製法をおおよそ次のように記している。

煎じ茶の作り方は、三月下旬から四月下旬にかけて茶園の芽の様子に応じて摘み、生葉を笊甑で蒸し、それを揉み盤といって、竹に縄をあみつけたものの上で力を入れて揉みたて、筵に広げて日に干し、ついで焙炉にかける。

この本の刊行は、享保十七年（一七三二）頃で、著者の也来は京都の地理をよく知っていた人物だろうと推定されている。ここに紹介した文の前には、抹茶に関する詳細な記述があり、それに対応するこの煎茶の記述も、おそらく京都付近での実情を反映したものであろうと思われる。永谷宗円が蒸し製の煎茶製造技術を日本で最初に開発したのは元文三年（一七三八）のこととされるから、宇治茶の歴史に詳しい若原英弌氏が指摘しているように、じつは宗円以前に蒸し製煎茶の作り方は、すでにほぼ開発されていたということになる。ただし、宗円の製法との大きな違いは、まだ揉み板の上で揉み、かつ天日に干している点である。天日乾しの茶にはどうしても独特の臭い、専門の茶商の言によると、日向《ひなた》臭《くさ》さがつくという。また縄の上で揉めば藁臭さも付着する。こう考えると、宗円はこうした諸問題を解決するために、種々の工程を整理して、蒸して和紙を貼った焙炉の上で揉む、という今日の蒸し製煎茶製法の原型を作り上げたということになろう。

諸書によれば、永谷宗円は、富士登山の帰途に新製法による茶を江戸の茶問屋（山本嘉兵衛の店という）に持ち込み絶賛を博した。これが蒸し製煎茶が世にでる契機であったという。彼は、蒸して「揉まずに」焙炉で丁寧に乾燥させて作る碾茶の技術を応用し、蒸した茶葉を従来の釜や鍋のかわりに焙炉の上で「揉んだ」ことになると思われる。碾茶は石臼で引いて粉末にしたものを湯に溶いて飲む。煎茶は、茶葉を湯につけて成分を浸出させるために、揉むことが必要である。この「揉む」工程は従来の番茶では筵やざるの上で行われていたのを、焙炉上で両手にたばさんで手のすり合わせだけで行うようにしたのだ。宗円の生家の土間には彼が築いたとされる焙炉の跡が残っているが、どんな構造になっていたのかは残念ながらよくわからない。しかし、碾茶の製法を踏まえた新しい煎茶、これを従来の黒製に対して「青製」と呼ぶが、爽やかな緑色の煎茶は、都市の上層町人や文人に評価され、次第に普及していくことになる。

小川後楽氏によれば、煎茶道の特徴は「抹茶の濁汁に対して煎茶の清汁をもって立ったこと」にあった（『茶の文化史――喫茶趣味の流れ』）。大枝流芳の『青湾茶話』、上田秋成の『清風瑣言』にみられる「青」「清」が煎茶道のイメージとなるにあたり、蒸し製煎茶が大きな役割を果したのであった。

北限の茶に宇治の製茶技術を見る

こうして宇治の製茶技術が新しい段階に入った頃、全国各地の大名の財政は危機的状況にあった。発達する商品経済のなかで、昔ながらに米を売却していくだけでは対応できず、特産品を奨励するなどして必死の再建策をとった。何やら現代の地域興しを連想させるような雰囲気である。そこで目をつけられたのが、商品としての茶の生産だった。

現在、東北地方に点在する茶産地の起源は、そうした大名の殖産政策の一環に位置づけられる。北限の茶を売りにしているのが新潟県の村上茶だが、こちらの方が北限の茶だというのが、秋田県能代市の檜山茶である。ただし、現在ではわずか二軒の家が細々と生産を続けているだけで、しかも商店には並べず、わずかな愛好者だけに直接売られている。現地で製茶の工程を実際にみた時、この檜山茶の技術は、大きな意味をもっていると確信した。生産開始時の技法を連綿と今日まで継承してきた可能性が高いからである。

北緯四〇度一〇分というこの寒冷の地において茶の栽培が始まったのは、享保十五年（一七三〇）頃のことという。秋田藩の家老で、このあたりの領主であった多賀谷峰経が家中の愛沢尹良を京都にのぼらせ千家の茶道を学ばせた際に、愛沢が宇治の茶園から種を持ち帰ったのが始まりだと伝えられるが、これは殿様の自家用茶園であったらしい。その後、天保の飢饉に際して同家の家老が京都にのぼって宇治の茶の実を入手し、帰国後、家中に命じて茶を植えさせ、製茶法も宇治から茶師を招いてその手法を導入し、武士の内職とした。檜山の武家二〇〇戸が各々の屋敷や裏山に茶を植えたので、一時、栽培面積は一〇町歩に及んだ。明治以降、この茶園が家禄を失った士族の生業となったとされる。製品は阿仁・小坂・花岡などの鉱山や大館方面に出荷された。

現在の茶園は杉林の中の斜面や渓流沿いに位置しているが、面積はわずか一町歩に満たない。生産者数も、明治十年代で当時檜山が所属していた山本郡下の合計が五〇戸前後だったのに対して、今ではすでに一〇年以上も前からわずかに二戸だけが細々と生産を続けるという状況になってしまった。そのうちの一軒である大高義雄さんのお宅での製茶作業を紹介しよう。

檜山では一番茶は六月十日頃から始まるが、当地の茶樹の特色は、その背丈の低さにある。樹高はせいぜい五〇センチ程度、新潟県の村上茶と同様、冬の寒さを雪にすっぽりと埋まって避けるためである。檜山では焙炉《ほいろ》を置いた作業小屋のことを「茶小屋」と呼ぶ。入ってすぐの所に竈《かまど》があり、釜と甑《こしき》がセットされており、その奥に広い作業台がある。反対側に焙炉が二台置かれているが、現在使用するのは一台だけである。茶摘みから仕上げまでは三日をかける。よいお茶を作るためには、生葉を迅速に処理するのが鉄則となっている今日の製法とはだいぶ異なり、摘んだ生葉は茶小屋の台の上で一晩置く。そして、翌朝早くから男手によって蒸し↓揉みという工程にかかるのである。まず生葉を甑に入れて蒸す。オイキ（蒸気）が出てきたところで先を五つにわった細い木の板（普通は箸を用いる）でかきまわす。三〇秒ほどでおろし、焙炉にかける。当地ではまわりを割竹で囲い、中に土を詰めた焙炉を使用している。これには火力を調節するための空気穴などはない。炭は堅木の良質なものを用い、藁をかけてその灰の下で火力を維持する。そして木の枠に和紙を貼ったもの（助炭《じょたん》）の上で濡れた葉から水分を落とすハウチ（葉打ち）を行う。このあと、ムシロのかわりに敷いたカマスの上で揉む。力を入れて揉むこと五分ほどで団子のように丸めてからほぐす。そして再び茶葉を焙炉に戻し、今度は仕上げ揉みにかかる。両手で茶葉をはさみ手を前後に動かして茶葉を撚《よ》る。木枠の下には鉄棒が斜めに渡してあるが、助

図24　檜山茶の製茶用具（茶絞り・揉み盤）（秋田県能代市檜山）

炭に力をこめて押さえつけるような揉み方はしない。そして、作業はここでいったん打ち切り、茶葉はトロ火の焙炉の上にまる一日放置する。翌日、焙炉の上に吊るしたトーシ（ざる）の目に押しつけるようにして葉の大きさを揃える。次に箕を使って粉茶を選り分け、最後に焙炉の上に広げて乾燥度を高めてから茶壺に入れて保管する。できあがった茶の形状は、静岡の手揉み茶の形容によく使われた、針のように細く鋭い仕上がりとは言えないし、カマスで揉むせいか、若干の

藁臭さも混じる。生産量の少なさもあって、広く市場に出回ることはない。

大高家では、昭和五、六年の頃が最盛期で、一〇人ほどの茶摘みを頼み、焙炉も三台あって、当主と息子の他に、人を頼んで揉んだこともあったという。使用する道具にも若干の変遷があった。まず、茶葉が汚れていた時に洗ったり、あるいは雨天に摘んだために水気が多い時にその水分を絞るためのチャシボリという道具があった。直径・深さともに二三チセンほどの桶の底に小さな穴が九個あいており、これに茶葉を詰め、上から押さえつけて水分を絞りとるものである。なお、これとほとんど同じものが静岡県茶業試験場に保管されていて県の文化財に指定されている。また、現在ではカマスの上で茶を揉むが、以前は板に荒縄をびっしり巻いた上で茶を揉んだ。その道具も茶小屋の梁の上に無造作に置かれていた。これは、近世の『広益国産考』に出てくるものと同じ形態（三二頁参照）であり、西日本各地の釜煎り茶を作っている所の一部で今も見ることができる。

じつは、焙炉を使用しながらも、その途中で筵《むしろ》などの上で揉むという方法は、この檜山茶だけではない。四国の香川県仲多度郡琴南町沖野の黒川久雄さん（大正八年生まれ）によると、ここでは蒸した葉を土間の囲炉裏の上に針金を渡してそこに載せた焙炉の上で手だけで揉み、そのあとでミシロ（筵）あるいは箕の上で揉んでから再び焙炉の上で仕上げた。全部で四時間ほどかかったという。昭和二十四年頃に静岡から製茶機のセットを購入するまで続けていたそうだ。このやり方をどこから学んだかすでに確認できないが、檜山と同じように古い製法の一端を示すものであったと見てよいだろう。各地に同様な歴史があったとすれば、それを眼前に見ることができる檜山茶の技術は貴重である。

当地の茶の歴史を振り返れば、天保期にあらためて宇治から茶種と製茶方法を導入したとされている。明治中頃すぎには全国一の茶産地となる静岡県でも、同じ頃に宇治から茶師を招いて本格的な製茶法を学んでいた。檜山の茶が天保時代そのままの姿であるとは言い切れないが、すくなくともその時代の製茶法を濃厚に残している可能性は高い。

これはさきに紹介した『万金産業袋』にみられた製法に非常によく似ている。今は使用していないが揉み盤が残っているし、ザルのかわりに筵の上でも揉んでいる。ただし、天日干しはしていないこと、焙炉の上でも揉むことなど、より新しい技術も見られる。ということは、宇治の新技術とはいっても、すべての面で最新の工程と用具が導入されたのではなく、在来の方法や地元の嗜好なども生かした形で、その土地に定着したらしいことがわかる。檜山茶の製法は、現在の煎茶製法につながる技術発展過程の過渡的な面をまだ残している貴重な技術であるといえる。

現在では蒸し製煎茶が全国を席巻し、伝統的な番茶の産地においても、近代的な製茶工場を建設し、全国市場への煎茶出荷を進めようとしている。

後戻りする技術

何年も前のことだが、ちょうどお茶時に九州の嬉野製釜炒り茶の本場で、製茶工場をのぞいたことがあった。その時、役員が組合員の前で説明していた資料が、静岡の茶市場では一㌔当たり何円、という内容であったのが非常に印象深かった。ここでも蒸し製煎茶への切り替えが進んでいたのであった。

今まで見てきたのは、番茶という粗放な製茶技術が、いかにして精緻な煎茶生産にまで高められていったか、という問題であった。そこでは、より高い付加価値を求めての技術向上に大変な努力が払われていた。その向上の図式を単純化すれば、地方ごとに適当に作られていた釜炒り・筵揉み製法の茶が、宇治などの先進地域の技術を学んで、蒸し・焙炉揉みへと切り換えられていく、というものである。結果としては、品質の向上と均質化をはかることができ、売値も高くなる。しかし、逆に全国統一の規準で評価されることから、地域的な個性は大幅に減少する。もちろん、専門の茶商の間には、できあがった茶をほんの少し味わうだけでたちどころに産地を言い当ててしまう名人もいるし、実際に店頭で売られるお茶は、いろいろな特性をもった産地の茶をブレンド（これを「合《ごう》する」という）

したものである。しかし、その違いを見分ける神業は一般の消費者には関わりのない世界である。

ここで、今まで見てきた技術発展の流れに逆行して、技術が退行することもあったということを紹介しよう。

日本海側の福井県小浜市周辺では、古くから茶の生産が行われていた。若狭の国の郷土誌として名高い『拾椎雑話《しゅうしい》』（宝暦七年〔一七五七〕の自序あり）には、大要次のような記述がある。

若狭の国はもともと茶の産地であった。田舎でとれた生葉を町家が買い取り、それぞれ焙炉にかけて製茶をしていた。これを「手茶」といい、煎じた時には香り・風味ともによろしく、出した時の色も濃くて、小浜の産物とされていた。しかし、最近は手間がかかるのを嫌い天日干しにするようになって、焙炉にかけなくなり、香りもよくない。じつは、六、七十年前までは、「たて茶」といって、この自家製の茶を濃くだして茶筅《ちゃせん》で泡だてて呑むのが普通だったのだが、その風習がなくなり、みんな濃いお茶を好まなくなったからである（つまり、このお茶はサラッとした淡泊な味だということだろう）。

ほぼ同じようなことが、一〇年後に書かれた『稚狭考《わかさ》』にも出てくる。それによると、茶は小浜の家々で自家用に作っており、中には製茶技術をもって他国に出稼ぎに行く者があったほどである。初夏の新葉の出る時には、町に生葉を扱う市が立ち、田舎の人が夜道を急いで明け方に町に入り、市で茶葉を売った。周辺には自ら製茶をする村もたくさんあった。これらの茶は、いずれも松前・出羽・北国筋・隠岐国等へ売ったものである。この頃の製法は、茶葉を蒸してからあぶる、つまり焙炉にかける製法だったが、享保の中頃から、蒸して天日乾燥することが始まった。もちろん焙炉を使用する家もある。三〇年ほど前から越後でも茶の生産が始まり、そこの茶園が増えるにつれて当地の茶の需要は減った。また美濃・北伊勢・近江などの茶は、この小浜を中継点として、北国秋田方面に運ばれている、とある。

この記述から、茶の流通の一端がわかる。元禄から宝永にかけての頃、新潟に諸方から運び込まれてきた物資のうち、煎茶が代金にして一万両以上含まれていたが、その産地は「美濃・若狭・地廻り」であった（『新潟県史』近世編二）。地廻りというのは、村上や村松など新潟周辺をさしている。『稚狭考』でいうところの、三〇年ほど前から越後でも茶の生産が始まったとあるのは、とくに村松藩あたりの茶生産が伸びて、伝統的な若狭の茶が押されてきたということをさすのであろう。

若狭におけるこのような製茶法の変化はきわめて興味深い。すなわち、元来は、茶葉を蒸して焙炉にかけて作っていたのを、近年では焙炉にかけるのをやめて、天日乾燥ですますことになったというのである。二つの資料ともに「揉んだ」という記載がないので、おそらくきわめて単純な蒸して干すだけの粗放な番茶になってしまったということだろう。ここには、製茶技術の発展ではなく、後退が述べられているのである。

庶民が好んだ味

これは、静岡県の茶産地として古い伝統をもつ駿河国安倍郡足久保村（静岡市）における製茶の変遷とよく似ている。足久保は駿河茶発祥の地として有名である。駿河国栃沢出身の聖一《しょういち》国師（円爾《えんに》弁円）が、宋から帰国後、実家の近くの足久保に茶種を蒔いたのが、駿河安倍茶の始まり、といわれている。この話の真偽や中世におけるこの地の茶生産の状況はまったく不明のままであるが、近世初頭の記録では、こうした伝統が背景になって、家康から御用茶納入の特権を認められていた。これは煎茶であって、その製茶技術は次のようなものであったと推測される。

まず茶葉を丁寧に摘んで、甑で蒸し、それをおそらく揉まずに焙炉の上で乾燥させた。製法でいえば、碾茶の作り方と同じであるが、使用する新芽の品質や、できあがった茶葉を抹茶にしないで使用したところから、煎茶と呼ばれたものと思われる。この御用茶納入および買上げは、享保期まで続いたが、突然中止されてしまう。村人はしばしば復活を嘆願したが、かなわなかった。

この足久保のうち奥長島という所に、狐石という巨大な石がある。駿府の茶商、山形屋庄八は、その表面に芭蕉の有名な句、「駿河路や　花たちばなも　茶のにをひ」とともに、自らの業績を刻ませた。碑文によると、足久保村は享保の初め頃までは良質の茶を産していた。しかしその後、青茶の製法を伝える者もなく、ただ煎茶のみ世に名高い状態であったので、私は一〇年間の苦心の末、ようやくその製法を復活でき、昔のような評判を得ることが可能になった、とある。文中の青製とは、製品が濃緑色をした蒸し製の茶のことで、釜で炒った黒製に比べてずっと高級なものとされている。つまり、御用茶という特別な需要を失ったことが青製の茶の作り方をも途絶えさせ、品質の劣る煎茶（この場合は釜炒りの黒茶をさすと思われる）つまり黒製になってしまったというのである。庄八が青製の復活に努力した背景には、文人趣味を背景に高級な煎茶の需要が高まっていたという事情があった。これは、逆にいえば、そういう需要がなければ、青製も必要なかったのである。

つまり、御用茶という特別な需要に支えられて作られていた青製の茶は、一般庶民の飲むものではなかった。そこで、御用茶の特権を失うや、足久保の高級茶生産は行き詰まり、庶民好みの黒茶に変わっていったということになる。このことは、茶が商品である限り、負いつづける宿命でもあった。

いちばん問題なのは、庶民が好んだ茶が、決して青製ではなく、釜炒り茶であったということである。これは、製品の品質云々よりも、嗜好の問題である。蒸し製と釜炒り製とを飲み比べると、明らかに味わいが異なる。浸出液の色も違う。釜炒り茶を好む人は共通して、蒸し製の茶は飲んだあとで腹にこたえるが、釜炒りはすっきりしている、と言う。こうした好みは食品の存在意義に直接かかわる大問題である。

ここで自家製の釜炒り茶の使い方を見ると、まず飲むためには、朝、囲炉裏にかけた薬缶に一握りの茶を放り込んで一日中煮立てておき、随時湯呑に汲んで飲む。料理に使用する時には、茶袋に入れて十分に煮出し、その液で粥を煮たり振り茶にする。つまり、熱湯で煮立てることが前提である。もし、上等の蒸し茶を煮立てたらどうなるか、やたらに渋い茶色の液体になってとても飲めたものではない。最高級の玉露はせいぜい六〇度くらいの湯で、ゆっくりだすというのが基本である。つまり、高級煎茶がすべての人に満足を与えるわけではない。さまざまな茶の利用法に応じた製茶法が民間には伝承されていたのである。

よそいきの茶

幕末開港後、輸出品としていかに評価を高めるかというのが、茶業界の課題であり、それに沿って一挙に品質の向上と均質化が図られた。その過程で伝統的な番茶は商品としての規格外に追いやられ、急速に廃れていく。それに合わせて、ただ飲むことだけを目的にした高級な蒸し製煎茶の生産が進んだ。「普段は番茶を飲んでいるが、客が来れば静岡の茶を出すよ」という表現を関西方面でよく耳にする。この場合、蒸し製の煎茶はよそいきの茶なのである。

番茶の占めてきた地位は、これでじゅうぶん理解できよう。私たちは、技術は発展するもの、という大前提を無意識のうちに認めあっている。近世以降の煎茶製造技術も間違いなく発展過程をたどってきた。しかし、それに逆らう流れもあるのだということを認識することは大切である。

日本の茶産業、というよりもほとんどの日本製品は、必死になって画一化を進めてきたといえよう。茶に関してもっとも極端な例を示そう。ヤブキタというきわめて優れた品種は茶の改良に大きな功績を残した杉山彦三郎によって、明治末期に実験茶園の藪の北側で発見されたのがその名の由来である。そしてさまざまな観察・試験を経て優良品種に指定され静岡県内で徐々に普及していった。味や香り・収量など、商品としての茶に要求されるすべての面で標準を超えていたのである。そのためヤブキタは戦後になってから爆発的に全国に広まり、現在では全国の品種化茶園のじつに八〇%以上を占めるまでになってしまった。

このように、茶畑が特定の品種に統一される前は、茶樹はそれぞれの個性をもっていた。茶は自家受粉できないため、種で育てる限り子は親と違う性質をもってしまう。したがって、隣り合った木でも収穫時期や味・香りなどがまちまちであることが普通だった。これがいわゆるザイライ（在来種）である。ザイライにはいろいろな個性があり、ひとつの分野ではヤブキタ以上の評価を得るものも少なくなかったのだが、総合点でヤブキタには勝てず、ザイライは次々とヤブキタに植え替えられた。その結果として、茶の味や香りがいずれも似たものになり、病気に対する弱さも共通になった。いっぽう製茶技術も機械化が進めば進むほど、製茶機械メーカーの提案に沿った製法が普及する。素材の面でも製法の面でも、茶の個性が失われたのである。

そのかげにあって自家製番茶でなければと、その味わいを楽しんでいる人たちが、まだ全国には大勢いるものの、商品としての茶が普及する中で、食べ物の一部を構成してきた在来の番茶は、急速にその姿を消しつつある。

製茶技術の発展と手揉み流派

現在、製茶機械を生産している工場の多くは静岡県内にある。その理由ははっきりしている。製茶機械は、手揉み製茶の工程をいかに機械によって代替するかという観点から徹底的に研究されたもので、その基礎になったのが静岡で確立された高度な手揉みの技術だったからである。

しかし、静岡の製茶技術が最初から全国の最先端にあったわけではない。幕末から明治初期においては、宇治・信楽・伊勢などの伝統的茶産地が生産量でも技術面でも、ずっと抜きんでていた。静岡県下に宇治式の製法を体系的に導入する契機を作ったのは、志太郡伊久美村（現島田市伊久美）の坂本藤吉であった。彼は江戸でたまたま宇治の者に会って製茶の状況を聞き、天保八年（一八三七）に自ら宇治に出向いて又兵衛という製茶師と数人の茶摘女を雇い入れた。そして自宅に伝習所を開いたのである。以後、各茶産地でも次々と宇治や信楽から茶師を招き、技術の習得に努めた。そして、幕末開港以来茶の商品価値が認識され、一種のブームとなると、各地の茶農家は自家生産した茶を背負って箱根峠を越え、横浜まで売り込みに出掛けた。茶農家には、ひいじいさんが売り込みに行った帰り道、箱根で強盗に襲われたとか、商売にたけた外国人にうまくだまされたそうだ、というような話がなかば伝説化して伝えられている。仏壇に英和辞典が保管されていた家もあり、自ら英語を勉強して商売しようとした積極的な農民もあったことが知られる。こうした流れの中で、今では見る限りの大茶園となっている牧之原の開墾が行われた。最初に鍬を入れたのは、静岡に移った徳川家についてきた旧幕臣たちと、大井川の川越制度の廃止に伴って失業した川越人足たちであった。旧幕臣の多くは自給自足の農村生活に対する認識が欠けていたこともあって、せっかくの土地を地元の農民に譲って静岡を去ったが、川越人足は優れた指導者のもとに生産力を高めていった。

　また製茶技術を見ると、宇治などの先進地の技術習得の段階を卒業し、独自の工夫をこらした新しい技が次々と開発されていった。手揉みの茶師が活躍する時代がきたのである。茶師とは、宇治では碾茶を製造する特権的な茶商人のことをさし、手揉み技術者は焙炉師と呼ばれた。静岡では宇治の焙炉師にあたるのが茶師である。雇う農家では、お茶師さん、と敬称をつけた。彼らの仕事は厳しい。生葉

図25　製茶流派名を記した幟（静岡県志太郡岡部町矢倉）

を製茶に仕上げるまでを一焙炉と呼び、三時間から三時間半ほどを要する。この間に約一貫目の生葉は五分の一の目方の製茶となる。一日に三〜四焙炉を仕上げる作業が二〇日間ほど続く。風を入れると乾燥度にむらができるので、作業を行う茶部屋は窓も小さい。お茶が終わる頃には体重が激減しているという。

作られた茶は、形状・色沢・水色（湯で出した時の色合い）・香味などで評価される。とくに明治初期には形状が重視され、針のように細長く尖った茶がよいとされた。投げると障子に突き刺さったとか、手揉みの練習のために本物の針を藁に混ぜて揉んだなどのエピソードが伝わる。茶師はさまざまに工夫を凝らし、これらの評価点をあげるとともに、より効率のよい手揉み技術の開発にしのぎをけずった。そして、自らの方法が最良であるとの自信をもとに、流派を名乗るようになる。茶にふさわしい青透流・青澄流とか、出身地を冠した興津流、自分の名前にちなんで倉開流（橋山倉吉）・田村流（田村宇之吉）、イメージ重視の開進流・鳳明流など、一五以上の流派が知られる。そして、各地で伝習会を行って弟子の養成に努めた。弟子たちは師匠を讃えて流派の名を大きく墨書した幟《のぼり》を伝習会終了記念に贈呈することがあった。これを持った茶師は、自分が作業をする茶部屋の軒にこの幟を高く掲げて勢力を誇示した。彼らは「幟持ち」と呼ばれて尊敬されたのである。

ただし、これらの流派にも本質的な違いはほとんどなかった。微妙な差異を強調するとともに、弟子の多さを競う中で生じた、いかにも日本的な現象であったといえよう。

静岡式の茶手揉み技術

さて、こうして手揉み技術はその発達の極に達し、静岡茶業会議所では全国に指導者を派遣するまでになった。鹿児島県松元町のハンズ茶の製法をさきに紹介したが、大正時代、そこにも静岡の指導者が招かれていて、その時教えられた手さばきを息子が正確に受け継いでいる。それが青透流の手であることは一目でわかった。地元では正当流と理解していたらしい。高知県の山村でも、先代が静岡からきた鈴木さんとかいう先生からお茶を習ったことがある、なんだか身体の大きな人だったな、という話を聞いた。家に帰れば普通のおじさんも、指導に行った先ではお茶の先生として尊敬され、誠実に技術の種を蒔いていた。名もない庶民の交流の実態は、さまざまな分野で静かに行われていたのである。

ここで、手揉み技術の標準となった静岡方式の基本的工程を紹介しよう。まず、摘んだ生葉はできるだけ早く蒸し器にかけて蒸す。これをサマシ台に載せ団扇であおって冷却し、焙炉に載せる。焙炉は、畳一枚ほどの面積で、炭を入れた炉の上に助炭と呼ばれる、和紙を貼った木枠をかけてある。上から力を込めて押さえつけても破れないように、助炭の下

図26　手揉み製茶技術のデングリ揉み（静岡市の茶市場）

には鉄板を細く切ったもので作った網代か、鉄棒が渡してある。焙炉の上では、まず両手で茶葉を持ち上げてはふるい落として水分を切るためのハウチ（葉打）を行い、次に茶葉を両手で左右に大きく動かすコロカシ、ついで固まりにしては力を入れて押しつけるツキネリ（突き練り）、そして丸く固まってきた茶葉をほぐすタマトキ（玉解き）をして、いったん助炭から下ろす。これをナカヒという。この間に助炭の和紙の破れなどをつくろい、再び焙炉にかける。まず両手にたばさんで葉を撚るモミキリ（揉切り）を行い、ついでデングリ（転繰）に入る。これは静岡で開発されたもっとも特徴ある技術で、手首を巧みに使って効率よく揉む方法である。次にコクリという最後の工程で、手の中で茶葉をすり合わせて艶を出す。ここまでが茶農家で行われる作業で、できあがりはあら茶と呼ばれる。

　こうして手揉み技術が完成していく頃には、早くもいっそうの作業能率の向上を目指して機械化の工夫がこらされるようになっていた。発明の段階は省略するが、もっとも注目されるのは、製茶の各工程をいかに忠実に機械に置き換えるかという点に、発明家たちの関心が集中していることである。その結果、最後の仕上げの工程を機械化した精揉機になると、細部にいたるまでよくここまでと思うほど精密な工夫がこらされており、感動さえ覚える。こうして、現在では蒸しの工程はボイラー、ついで粗揉機・揉撚機・中揉機そして精揉機、さらに乾燥機という順番で処理していく流れができあがった。一昔前まではこれらの機械を設置した建物は、チャコーバ（茶工場）と呼ばれ、機械から機械へは人間が茶葉を運んでいたが、現在では温度管理も含めてすべて自動化されている。製茶の共同化が進み、大規模な製茶工場が茶産地に見られるようになった。そんななかで、製茶の原点ともいうべき手揉み技術は、静岡県指定の無形文化財となっている。

茶摘みの技術

茶摘娘のイメージは、「茜《あかね》たすきに菅の笠」と決まっているようだが、では実際にどんな手つきで茶を摘んでいるのか、どんな葉が摘み頃なのか、道具は一切使わないのか、などいろいろな疑問がわいてくる。

素手で摘む

静岡県で広く歌われていた茶摘み歌に、「お茶を摘むなら　ネバからちゃんと　ネバにゃ百貫匁の芽がござる」というのがある。ネバとは、根葉つまり茶の木の下の方に生えている葉である。現在の茶園はきちんとした畝になっていて、しかも茶の新芽も茶の木の上部に一斉に、まっすぐ伸びてくる。これは、茶園の形態が、鋏摘み、さらには機械摘みに対応できるように整備され、さらに茶の品種化が進んだからで、昔の茶畑は、丸い固まりになった茶の木がモコモコと生えている株仕立てであった。しかも、それぞれの茶樹の性質が不揃いだったから、摘み頃の株を選んで、下の方に出ている芽も摘まなければならない。しかし、しゃがみこむのは面倒くさいから、雇われた茶摘み娘はなるべくそういう所は避けたい。そこで、こんな歌を歌って、教訓としたのであった。

さて、上質の茶はよい芽から作られる。とくに碾茶《てんちゃ》の場合は覆下といって、摘み採りの前に日光の九割までを遮るように覆いをかける。これによって葉緑素の含有量を増やして旨味をだし、あわせて霜避けとする。この技術はすでに戦国時代から知られていて、江戸時代になってからは宇治の茶園の特権になったとされる。現代の煎茶でも、店頭で藁掛けといって売られているものは、この技術を応用したものだ。摘む時には、若芽の中心にある芯とその下の柔らかい葉を上から二番目ないし三番目までを丁寧に摘む。これを一芯二葉、一芯三葉といって、煎茶の時にも同様な言い方をする。

煎茶の場合、古いタイプの茶園で、茶摘み娘が一日に摘む量は、多くて四貫目といわれた。おおよそ一五㌔である。これが製茶されると重量は五分の一となる。しかし、一芯三葉では、とてもこんなには摘めない。つまり一口に茶摘みといっても、じつはどのような製茶をするのか、摘み始めてからどれくらい日数がたってきたか、すなわち葉がどれくら

図27　素手で摘む
（静岡県静岡市足久保）

図28　竹ヘラで摘む
（新潟県村上市小国町）

図29　両手ですっこく
（徳島県勝浦郡上勝町旭）

い固くなっているかによって、その丁寧さが違ってくる。お茶の相場は新茶シーズンの最初ほど高く、遅くなるにつれてどんどん下がる。そこで、摘み方も次第に粗くなって、最後には片手で枝をつかみ、もう一方の手で下からこいてしまうまでになる。これを「スッコキ摘み」などという。その時、指を保護するために布をサック状に縫った指袋をはめることもあった。指袋は海女にとっても海中でテングサを採取する時の必需品であり、伊豆半島各地の海女小屋では、海が荒れた時など、海女たちが指袋に糸をさして補強する姿がよく見られた。

ヘラと指袋

商業ベースに乗るという意味での北限の茶として知られる新潟県の村上では、ヘラを使って茶摘みをした。ここでは茶商が自分で茶園を経営しており、自ら製茶し独自に販売するという方式が中心で、茶園に雇われる茶摘み女は、「摘み子」と呼ばれる。ヘラ摘みが鋏摘みに代わってしまったなかで、今でも高橋みやさん（大正十二年生まれ）と、高橋よつさん（昭和十二年生まれ）はヘラを愛用している。しかも、竹製と鉄製の二種類を使いわけている。

竹ヘラは各自が作り、ガラスで刃の部分を磨く。カネベラは、鍛冶屋が打った鋭利な刃物で、雇い主が用意して貸与する。したがってその家の摘み子をやめる時は返却する。ともに長さは二三、四センチ前後、幅は二・四センチほどである。ここでは五月の中旬過ぎにようやく新芽を摘み始めるが、最初の一〇日間は丁寧に手で摘み、次は竹のヘラで六月十日頃まで、ついでカネベラ（鉄製）に代えて最後までという具合である。

現在はヘラ摘みをする時、白い手袋をするが、明治期に働いた人は、薄い布を細めに裂いて、親指・人指し指・中指に巻き、ずれないようにご飯粒を糊代わりにして固めたものという。ついで、ユビブクロ（指袋）を使うようになった。布で指を第二関節の下まで覆うほどのサックを縫い、裏返して縫い目を内側にしてはめる。これが抜けないように、糸で縛ったり、のちには輪ゴムで抑えた。絆創膏を使用したこともある。一日使うと真っ黒く染まりボロボロになってしまうので、繕ったり新しく作った。やがて手袋が普及してくる。ただし、最初の頃は軍手だった。今でも、二番茶は軍手を使用する。また、二番の固い葉は、両手で「すぐる」こともある。

さて、新芽の摘み方は、最初の柔らかい芽の時は、親指と人指し指でつまむようにし、そのあとは、中指まで使って向こう側にねじるようにして摘む。ヘラで摘む場合は、ヘラを右手にもって刃を手前に向け、左手で芽をかき寄せ、ヘラを手前に引く。両方の親指を使って切った葉がこぼれないようにうまく受け、傍らのチャカゴ（茶籠）に入れる。もう四七年も摘み子をしているというみやさんは、「大きく束ねて、かき寄せ、いっぺんにたくさん摘む。このつかみ方に上手・下手がある」と語る。タケベラの方が木にやさしい。カネベラは昔の方が長かったが、長いだけではだめで、やはりその人にあった長さというのがある。

村上茶が、なぜヘラを使うのか。考えられることは、寒冷地の茶樹のため木の背丈が低く、茶葉が非常に小さい。そこで初期の新芽以外はヘラを使用することで能率をあげようとしたのではないだろうか。だが、答えはそう簡単ではなかった。先に紹介した福井県三潟町江崎の黒茶は、葉を鎌で刈るようになる前は、竹ヘラを使ったという。土地ではタケビラと呼んだのだが、長さは一〇センチほど、幅が二、三センチだった。村上のものと比べると長さが半分ほどであった（漆間元三『振茶の習俗』）。

もう一例、私はまだ現地で実際に確かめてはいないのだが、宮崎県総合博物館の製茶用具の目録の中に、村上のものに酷似したヘラが掲載されている。使用していた所は、宮崎県東臼杵郡西郷村で、大正時代以前に使っていたというものを、近年に復元したのだそうだ。使用法は、ヘラの削り面を下にして持ち、茶葉をヘラと指ではさむようにして摘むとある。宮崎県と新潟県では自然環境がまったく違うのに、ほとんど同じ用具があるのはなぜか、今のところ残念ながら答えは保留せざるをえない。

ただ、事情は異なるがタイ国では、食べるお茶（ミアン）にする茶葉を摘むのに、小さい刃物を使用して枝に葉柄と葉の一部を残したまま、一枚ずつ茶葉を「切り取る」。摘んだ葉は重ねて揃え、薄くへいだ竹で束ねていく習慣だから、一枚ずつ採取する目的はよくわかるが、茶葉を切り取るのは木を傷めないためだという説明はどうだろうか。私は、食べやすいように最初から固い部分を捨てているのだと思う。

さて、ここまでに茶を摘む方法がいくつも登場したが、上等の商品を生産したいなら、摘み方が丁寧になるのは当然である。しかし、たとえ商品であっても、製茶法が異なるために茶葉を摘む時期が遅く、葉がすっかり固くなっている場合は、すっこく（こき取る）ことになる。夏の固い葉を使用し、煮てから発酵させるという阿波番茶の場合は、枝についている葉を全部こき取って茶の木を丸坊主にしてしまう。その時、指袋をはめたとか、布をぐるぐる巻いたというのは、村上と同様である。現在ではことさら丈夫な軍手をはめ、さらに指に針金を巻いて使う。相生町は今でも葉の量に応じて日当を支払っているが、慣れない人で一日に六、七貫匁（約二五㌔前後）、慣れた人は両手でどんどんすっこくので一日で二〇貫目（約七五㌔）も摘むという。摘みおえた茶畑は完全な丸坊主となる。

図30　茶刈り鋏（静岡県静岡市足久保）

茶刈り鋏の登場と民謡の変化

こうした単純な手作業に代わって、茶摘みに鋏が使用されるようになるのは、大正時代になってからである。両手であやつる大型の鋏は、屋根葺職人が屋根を葺いたあとの茅の端を揃える鋏にヒントを得て、すでに明治時代に発明されていたが、普及には時間がかかった。茎をいっしょに摘んでしまうので品質が劣るというのが最大の理由だったが、もうひとつ、茶摘みに雇用する女性労働力が安価であったことも大きな理由である。だが、第一次世界大戦後、工場での女性労働力の需要が急増する。女性の日当が高騰してくると、茶農家側は、品質を若干犠牲にしても、手摘みにくらべて四倍の能率があがるとされた鋏の導入に踏み切り始めた。そして、茶畑も従来の株作りから鋏を使いやすい畝作りへと変わっていく。茜だすきの娘たちの姿が減って、男が手際よく鋏で刈り取るというふうに、茶畑の景観も茶摘みの雰囲気も大きく変容した。

茶摘みのとき歌われた茶摘み歌は、単純な労働にアクセントをつけるというたいへん実質的な役割をもっていた。だから、摘み手が退屈しないよう、時には相当に下がかった文句も含めて、たくさんの歌詞をその場の雰囲気に応じて次々と歌い出せる人に割り増し賃金を支払ったという例もある。茶摘み歌の中に、他人の悪口を言ったり、強がりを言ったりしている詞章がたくさん出てくるのは、出身地が違う茶摘み娘が互いに張り合い、歌合戦になったからだ。茶鋏の普及は、茶畑からこのような茶摘み歌をも駆逐していく。

北原白秋作詩になる「ちゃっきりぶし」が登場した昭和二年（一九二七）は、そんな時代だった。

唄はちゃっきりぶし
男は次郎長
花はたちばな　夏はたちばな　茶のかをり
　ちゃっきり　ちゃっきり　ちゃっきりよ
　きゃアるが　啼くんて　雨づらよ

「ちゃっきりぶし」は茶所静岡県を代表する歌となり、静岡の宴席では、芸者さんが必ず「ちゃっきりぶし」を歌い踊った。しかし、この歌がじつは日本のPRソングのはしりであったことは、案外知られていない。近世から明治時代まで、静岡の茶市場に集まったお茶は、牛車で清水港に運ばれて外国に輸出された。その茶荷物運搬用に敷設された軽便鉄道がやがて客を乗せるようになり、会社では沿線に遊園地を造って利用者の増大を計画、その宣伝のために当代随一の人気詩人であった白秋に作詩を依頼したのであった。白秋は静岡周辺を見て回り、静岡方言をちりばめて、なんと三〇番にのぼる歌詞を作った。歌の題名にもなっている囃子言葉の「ちゃっきり、ちゃっきり、ちゃっきりよ」が茶鋏の音を模したものであることは、すぐにわかる。ついでに、「きゃアるが　啼くんて　雨づらよ」というのは、宿泊中の旅館で、地元の芸者がもらした「蛙が鳴くからきっと雨よ」という意味の静岡方言である。

白秋は少年時代、柳川の実家に集まるさまざまな職業の人が歌う歌をたくさん聞いたと、詩集『思ひ出』の序文に書いている。九州有数の茶産地、八女には柳川からも大勢の茶摘み娘が入っていた。九州では茶摘み唄は「茶山歌」と呼ばれる。茶山歌の歌詞や茶摘みの雰囲気は白秋にとってごく日常的なものだったはずだ。だが、茶鋏は山の傾斜地では使いにくいために、土地が平らな茶園から普及していく。「ちゃっきりぶし」取材の舞台となった日本平（静岡市と清水市にまたがる丘陵、頂上からは富士山の眺望がすばらしい）で、白秋はおそらくはじめて茶鋏の使い方を知ったのだと思われる。茶鋏の音は、時代を切り取っていく詩人の耳に新鮮に響き、依頼された新作の基底音にすえられた。だから「ちゃっきりぶし」は、茶業界における、ひとつの技術革新を象徴する歌にもなったのである。その茶鋏の音は同時に、労働に密着していた民謡が汗にまみれた肉声を失い、お座敷の芸者の芸に転化していくことをうながす、新時代の金属音でもあった。

東アジアの茶と日本の茶

ミャンマーの茶の始まり

ミャンマー（もとビルマ）には、ラペソーと呼ばれる食べるお茶がある。その主産地はシャン州北部のナムサンという町だ。ミャンマーの首都ヤンゴンは、マレー半島の付け根に近い南の方にあり、川をつうじて海に面している。それに対し、イギリスによって植民地化された時の最後の王朝の首都だったのが、ミャンマー全土のちょうど中央に位置する大都市マンダレーである。ナムサンは、このマンダレーから北東方向、標高一七〇〇米《メートル》余りの高原地帯にあり、車で二日を要する。人口は五万六〇〇〇、そのうち八〇％ほどがパラウン族で占められている。パラウン族は、ミャンマー全体で約二五万人、中国側では徳昂《トウアン》族と表記され、雲南省に約一万五〇〇〇人がいるとされる（『中国跨界民族』）。パラウン族は仏教徒で、生業は焼畑が中心だが米も作る。とくに、古くから茶の栽培で有名である。さて、ナムサンは三六の大規模な村から成っているが、じつは生活単位としての集落規模にすると二三九あるという。集落はたいてい稜線近くにある。水は不便だが、マラリアの危険は避けられる。そのひとつ、ルエサイという集落にミャンマーにおける茶の発祥といわれる一本の古木がある、いや、あった。ルエサイはナムサンの役場から一〇㍄ほど、戸数約二五〇、人口は一二〇〇〜一三〇〇人。集落に囲まれたルエサイ山の頂上にバタ・ミャーという名前の寺があり、その境内に伝説の茶の木があった。今から四〇年ほど前に枯れてきたので住職が伐採してしまったのだというが、そのひこばえが今ではかなり大きくなっていて、鉄柵に囲まれて大切に保護されている。その木の幹をよく見ると金箔を貼ったあとが見える。ミャンマーでは、参拝した仏像に金箔を貼るのが信仰のあかしであり、マンダレーのある寺院の仏像は、金箔の厚さが数センチに達しているという。茶の木に金箔が貼られたということは、茶樹そのものが神聖なものとして崇拝された証拠であり、現在でも毎年八月十五夜には、この茶の木のまわりに明かりを灯してお祭りが行われる。

この木が聖樹とされるのは、今から八〇〇年の昔、バガン王朝のアラウンシツ王が地方巡検のおり当地に至り、住民たちのあまりの貧しさに同情して自ら茶の種を土地の古老に与えた。それが育ったのがこの木であり、以後パラウン族は、茶を生業の中心にすえて繁栄することができたからとされる。茶樹の傍らにアラウンシツ王を祭る寺院があり、その内部には茶の種を授ける王と、それを受け取る古老たちの群像が安置されている。この場

図31　茶種を下賜するアラウンシツ王
（ミャンマー・シャン州ルエサイ）

面を描いた絵は茶業に従事するナムサンの住民にとって崇拝の対象となっており、ラペソーの加工場や自宅の壁に貼った絵の前に小さな祭壇を設けて、ダビエという、日本のシキミに似た祭祀用の木の枝を供えている。アラウンシツ王は、日本の弘法大師に似ている。各地を巡って人々に幸いや技術を授けた。王は、ミャンマーの観光名所として有名なインレイ湖の祭りを始めたともいわれているのである。

さて、アラウンシツ王下賜の茶は枯れてしまったのだが、その実が育った茶樹が別の村にある。そこもパラウン族の小さな集落でミヤイという。家々がかたまっている山腹の上の方に茶畑があり、その中に二本だけとくに目立つ大きな茶樹があった。樹齢八〇〇年以上はあるといい、高さは約五メートル、幹のまわりは二メートル以上になる。この木の葉から良質のラペソーができるという。

こうした状況から判断すると、ナムサンにおける茶の栽培は少なくとも、八〇〇年くらい前まではさかのぼるということになろう。ただし、アラウンシツ王の伝説が、茶が他地からもたらされたものであるということを暗示しているとすれば、山地移動民であったパラウン族自身が、たとえば雲南省あたりから持参したもの、といえなくもない。

食べるお茶、ラペソーの作り方

ここで、ナムサンにおけるラペソーの作り方を紹介しよう。ナムサンの茶は山一面に植えられているが、日本の茶園の景観とは大きく異なり、木と木がまばらでしかも茶葉が密生していない。樹高も三メートルくらいはあるので、日本では胸から下の位置で茶葉を摘むのに対して、茶葉は手を上に伸ばして摘むようになる。ナムサンの茶摘み踊りでは、顔の上に手を伸ばす所作で茶摘みを表す。

茶摘みは三月には始まる。人手不足のため、出稼ぎの女性を雇うというのは、ここの茶が商品として大きな利潤をもたらしていることの表れだ。実際、大規模な加工場をもち、多くの人を雇っている富裕な人もいる。

手で一枚ずつ摘んだ葉を加工場に集め、まず蒸す。そして冷まし台の上で二〜三分間揉んでから、内側にバナナなどの葉をびっしり敷いた大きな籠に詰め込む。そしてやはりバナナなどの葉でしっかりと覆い、石の重しを載せる。こうして一五日ほどたてば、出荷できるようになる。この間に弱い乳酸発酵をするので、独特の匂いと軽い酸味がつく。大量に作る場合は、地面に深い穴を掘ってコンクリートを巻き、その中に何百𥫗も詰めこむ。逆に、今ではやらなくなったが、自家用のものを作る場合は竹筒を使用していた。できあがったラペソーはあちこちの集落から牛の背にのせて町の中心に集められ、トラックでマンダレーまで搬出される。そこから全国に出荷され、町のお茶屋さんの店頭のほか、ビニール袋に小分けされ路上でも販売される。

ラペソーは食後のデザートや、ご飯のおかずにもされる。食べ方は、干しエビ・ピーナッツ・ニンニクなど好みの具とともにピーナッツオイルであえ、塩や味の素を混ぜる。こうした材料を区分して盛るための専用の漆器がある。深さ五、六センチほど、中央の丸く仕切った部分にラペソーを入れ、そこから放射状の仕切りをつけて、区分ごとに異なった具を入れる。器が大きく、仕切りがたくさんあるほど豪華なセットになるわけだ。

かつてのビルマ王室でも、キンマとともに嗜好品として重視され、王族はみな専用の容器を家来に用意させていたという。一口にラペソーといっても、当然品質の上下はある。柔らかな上質の葉で作ったものは、確かに美味しい。反対に品質が悪かったり、商品とし

図32　茶葉を蒸すための甑
（ミャンマー・シャン州ミヤイ）

図33　ラペソーと専用の容器
（ミャンマー・ヤンゴン市内）

て売れ残ったりした時は、そのまま日干しにする。これをラペチンチャウといい、普通のお茶のように熱湯でだして飲む。このラペチンチャウは、なんとさきに見た日本の徳島県の阿波番茶の製法および飲み方とまったく同じなのである。

四国には徳島県の阿波番茶のほかに高知県の土佐碁石茶、愛媛県の石鎚《いしづち》黒茶という、日本の製茶技術としてはあまり一般的でない後発酵茶が点々と見られる。阿波番茶以外はきわめて稀少な存在になってはいるが、地元で聞き取り調査をすると、以前はもっと広い範囲で、かつ相当な量が生産されていたらしい。日本の後発酵茶の起源は、例によって弘法大師の功績にされていて、残念ながら歴史的事実としては確認のしようがない。ただ、東南アジアの後発酵茶と酷似していることから、当地で独自に発明された製法ではなく、なんらかの契機で伝わったとみるのが妥当である。それから、四国ではこれらを食べたという伝承はまったくないが、可能性としては、ずっと以前には食べていたことも考えられる。漬け込んだ茶を干したラペチンチャウは、もともとそれを作るのが目的ではなかったし、生活に食い込んでいる多様な発酵食品のひとつとして、茶も漬けこんで食べた、というのがもっとも普通のあり方だと思われるからである。

ラペソーに類似した後発酵茶は、中国西南部から東南アジアにかけての、かなり広い範囲で作られてきた。ここであといくつか、事例を紹介しておこう。

東アジア各地のミアン

中国雲南省のプーラン族の場合は、蒸した茶葉を竹筒に詰めてから土で栓をし、そのまま地面に埋めてしまう。その間約三ヵ月という。現地を実際に訪れたところ、目の前で竹筒を掘り出し、中身をとりだしてくれた。ラペソーと比べて、雑な作りだというだけで、どちらも茶の漬物だからたいした違いはない。ただ、ミャンマーとは食べ方が異なる。プーラン族の場合は、煙草をのみながらクチャクチャと食べるのである。高床式の家の二階が居間になっていて囲炉裏がきってある。こうやって食べるのだと、女性たちがそのまわりにしゃがみこんで、食べ方を実演してくれた。

タイのミアンは、守屋毅氏がミエンとして広く紹介してから一般にも知られるようになった。これもラペソーと同様な製法による。ただし、ラペソーがほぼミャンマー全土で愛好されているのに対して、タイでは南部のバンコクではまったく見られず、北部の大都市であるチェンマイから北の地域で製造・消費されている。しかも、最近の若い人の間では人気がなくなっているという。ミアンの製法と食べ方を簡単に記してみよう。特色がある

図34　ミアンを食べるプーラン族の女性（中国雲南省西双版納）

図35　出荷準備中のミアン（タイ国チェンマイ）

のは葉の摘み方で、さきに触れたとおり刃物を指につけ、葉柄に茶葉の一部を残したまま、葉だけを一枚ずつ切り取る。さらにそれらを丁寧に重ねて束ね、その小束のまま蒸して漬け込むのである。そして製品はその形のままで仲買人に売られる。仲買人はそれを改めて自分の家の加工場で漬け込み、出荷する時に真新しい竹ヒゴで束を作りなおす。市場では、この固まりを単位に売ることになる。もうひとつ、大きな違いは、タイでは岩塩や生姜といっしょにガムのように嚙んでから、食べカスを吐き出して捨てる人も多いので、食べるお茶とはいいながら、嚙むお茶であるという表現をすることもある。

ラオスの北部にも、竹筒を使って漬物茶を作っている村がある。加藤みゆき氏の報告によれば、生葉を約三分間蒸してから塩水で洗い、約一時間天日に干す。それから一枚一枚重ねて竹ヒゴで束ね、ビンや竹筒に入れ、沸騰冷却水を注いでから土中に埋める。三日目から食べられるようになり、一年間はもつ。一～二枚の葉に塩をつけて食べるが、その時プーラン族と同様にタバコを吸いながら食べるという。ミャンマーのシャン州南部でも、竹筒を使用してのラペソー作りが行われているという報告がある。

さて、ここからが問題である。食べるお茶を作っている所は、一続きの高原地帯に分布している。作り手は、焼畑を生業の中心にする民族であって、移動性が高い。彼らにとって国境は近年になって勝手にひかれた理不尽な境界であって、元来はそうした区分に関係なく各地を動いていたのである。つまり、現在の国境線にとらわれずに、こうした茶の分布を考える必要があるというのが第一点である。

そして、もっとも重要だと思われるのが、この茶の呼称の共通性である。守屋氏の報告ではタイ国では「ミエン」と呼ばれているとされているが、私がタイ国北部で直接耳にした発音は「ミアン」であった。そして、上にあげた各地の事例、つまりラオスでも雲南省でもミアンである。ひとつだけ違うミャンマーのラペソーは、じつはビルマ語であって、ラペ＝茶、ソー＝湿っている、という意味である。そして現地で実際に生産しているパラウン族の言葉では、「ミアン」なのだ。

ということは、漬物にして食べるお茶は、一様にミアンと呼ばれているのである。なお、パラウン族の場合は、漬物茶はミアン・オン、それを干したものはミアン・ブラン・ホンと呼ばれている。オン＝湿っている、ブラン＝酸っぱい、ホン＝乾いている、という意味である。ということは、パラウン族の間ではミアンは、漬物茶だけをさす言葉ではなく、茶自体をさす言葉だということがわかる。そこで思い出されるのが、中国語の「茗」という漢字である。これは茶とまったく同義語で、季節的に遅く摘んだ茶を茗と呼ぶのだと説明されている。

中国では漢字で言葉を表記する場合、現地の発音を漢字の音で書き取る。現代の例でいえば、たとえば、アメリカ人のクーパーさんは、古波と書かれる。したがって、中国各地にいるさまざまな民族の言語で、茶がどのように呼ばれていたかを表す場合、そのひとつにミアンという発音があったので、それに近い茗（この文字は現在の北京語ではミン、広東語ではメンと読まれる）という漢字をあてたのだと考えられる。『茶経』には、茶（当時はまだ茶の文字は存在せず、茶と書かれている）や茗のほかに同義語としていくつもの漢字があげられているが、それらも現地の発音を模したものとみるのが妥当ではないだろうか。

つまり、一続きの高原地帯の各所にいたいくつもの民族が、茶のことを共通にミアンと呼び、さらに漬け込んで発酵させてから食べるという利用法を共有していたこと、そして、そのミアンという単語が、漢字の茗として表記され、茶の同義語として広く使われるようになっていったらしい、ということである。

このミアン＝茗説については、すでに布目潮渢氏・松下智氏・橋本実氏らが触れていることではあるが、私も現地調査の体験をもとにその可能性がきわめて高いと感じている。

ただし、このことについては、中国唐代の発音と、多くの少数民族の言語における茶を意味する単語との詳細な音韻学上の比較研究が必要であり、断定は控えておきたい。
それから、もうひとつ確認しておきたいことがある。従来、茶にはチャ系統とテ系統の二通りの発音があって、チャは広東系で北京・韓国・日本・モンゴルから中近東・東欧に広がり、テは、福建からマレー・インド、東欧以外のヨーロッパ諸国へと広がっているとされてきた。これは主として商品としての茶の流通ルートに基づいた区分である。したがって、茶の利用法や製法など、飲料ないし食品としての茶の基本的性格に基づくものではない。しかもヨーロッパに茶が入ったのはたかだかここ数百年のことである。極端なことをいえば、紅茶を核とするイギリス人好みの分類といえなくもない。

東アジアにおける茶利用の三つのタイプ

そこで私は、茶を自ら育てた長い歴史をもつ東アジアにおける茶の利用法を、次のように三つにわけることを提案したい。なお、現在におけるおおよその地域区分もあわせて示してみる。

A　飲料→茶を純粋に飲料として飲む
　中国の漢民族の社会を中心にその影響を受けた東アジア全域

B　調理素材→茶を食物調理のベースに利用する
　中国南半分に散在する一部の少数民族およびチベット・モンゴル、そして日本

C　食用→茶葉をそのまま食べる

茶のことをミアンと呼んでいる地域

これを東アジア全体の地図の上で概観すると、まず全域にA地帯があり、その東西の縁近くにB地帯が重なる。そして茶の原産地とも考えられる中国雲南省・ミャンマー・タイ・ラオスの国境が接するあたりにC地帯が重なることになる。

『茶経』の冒頭に述べられているように、「茶は南方の嘉木」であり、漢民族の生活圏外から移入された植物であることは明確である。したがって、漢民族が茶を導入した当初には、「南方」の諸民族の間で行われていた、食べたり飲んだりという多様な利用法が採用されていた。しかし、唐の時代まではABが併存していた漢民族の社会から、Bが排除されてAのみが正しい利用法とされ、その考え方は漢文化とともに各地に普及した。したがってCの社会にも、時代は下るが華僑の強い影響下に釜炒り製法を中心とした飲むお茶が広がってくる。ABCの三タイプの間に先後関係をつけることはむずかしいが、あえて言えば、Bの調理のベースにするという利用法は、製茶後の浸出液を使用することから、Aの発展形態とみることができるかもしれない。また、Cには茶葉を生のまま食べたり、そのまま料理の素材にしてしまう例も含まれるが、蒸して漬け込む、という点だけを見れば、

A地帯の飲料とする茶のうちの蒸し製茶と同根とみることができる。しかし、蒸して乾燥させて飲んだのが先か、蒸して漬けこんでから食べたのが先か、ということに対する答えは今のところ出てこない。つまり、この分類は利用法の仕分けであり、製法の先後関係の究明は、これから、ということになろう。

番茶から見えた日本文化の重層性

日本にこの分類をあてはめた時、どう説明できるだろうか。日本では、おそらく最初は民間の茶利用法として、調理のベースにする方法と、飲む方法とが併存していたと考えられる。四国の後発酵茶が食べられていたかも知れないという可能性も完全には否定しきれない。つまり、茶およびその利用法は平安時代の永忠の記録よりもはるかに昔から、いく重もの波として列島に及んできたと考えられる。そして、後から来たものが先に来たものを消し去ることなく、さまざまなタイプが重なり合って残ってきたと考えるのが、一番妥当な線ではないだろうか。この考えは、日本文化はさまざまな文化要素が列島に渡来し重層して形成されたという、文化人類学的な知見にも相応する。

しかし鎌倉時代の栄西以降、舶来文化としての飲むための茶が珍重され、さらには茶道の発展とともに、上流社会では茶は飲むもの、という意識が高まってくる。すると、かつ

図36　街頭で売られる固形茶（中国西蔵自治区ラサ市内）

図37　スーティ・チャイ
（中国内蒙古自治区フフホト）

て広く行われていた調理のベースとする利用法は次第に冷たくあしらわれるようになる。あえて続けている地方の庶民の間では、たとえば、茶粥はお殿様から教えられた、というような権威付けを必要とするようになったのである。

いっぽう、モンゴルやチベットなど、自ら茶を生産することができない地方では、中国からはじめて茶を受け入れた時の利用法がずっと受け継がれてきた。商品として茶を輸出する方でも、その嗜好に合わせた品を送り続ける。チベットの茶は、唐の時代にソンツェン・ガムポ王に嫁いだ唐の王女、文成公主が大量の書籍、大勢の職人、各種の種子などとともに茶を持っていったのが始まりだとされている。これが事実とすればその頃の唐は『茶経』が排撃した、羹《あつもの》としての茶が世間一般ではまだ広く受け入れられていた時期であるから、かりに文成公主は王朝の人間として飲む茶を愛好していたとしても、付き従った多くの庶民が飲んだ茶は、おそらくさまざまな具を入れる羹としての茶であった可能性が高い。それに、当時の茶は餅茶《へいちゃ》と呼ばれる固形茶が普通だったらしい。ということは、現在のチベットで愛用されている団茶と麦焦がしという組み合わせ、あるいはバター茶などは、その時代からの伝統を今日まで伝えているものであるといえないだろうか。もちろん団茶の製法は、現在と唐時代とは根本的に異なるが、辺境の地に「固形」茶が送り込まれ続けている理由は、輸送上の利便性に加え、茶を受容した時の習慣がそのまま嗜好として残存している可能性がきわめて高いためと見られる。モンゴル族の間で行われている、ミルク茶に炒り栗などを入れて食べるスーティチャイも、同じような背景をもつと考えられよう。

東アジアにおける日本の位置をあらためて考えると、地図を見るまでもなくそのいちばん端っこであり、巨大な中国にとっては、文字通りの僻遠の地である。僻遠の地にはさまざまな文化が吹き溜まり、古式を留めるという民俗学の経験則からいえば、茶というアジア共通のモノを素材として成立している文化も、その例外でなかった。日本各地に伝わる多様な番茶は、まさにさまざまな時代における東アジア各地の茶のサンプル、という評価ができるのではないか。

番茶は、東アジアの茶の歴史を語りかけてくる生き証人である。今までの私たちには、その声がじゅうぶんに聞き取れなかった。しかし、日本各地の番茶の実態がほぼ明らかになり、さらに従来ほとんど情報がなかった中国や東南アジア地域における庶民の茶の実態に関する資料が次第に増えてきたこんにち、あらためて東アジア全域をフィールドにした、庶民の茶の総合的な調査・研究が急がれる。

その成果は、おそらく日本文化の成り立ちを研究するうえに多大な貢献をすることになろう。茶は米とならんで、日本人の本質に迫る鍵となるはずである。

主要参考文献

松下　智『日本の茶——その歴史と風俗』（風媒社、一九六九年）。

橋本実編『地方茶の研究』（愛知県郷土資料刊行会、一九七五年）。

守屋毅編『茶の文化——その総合的研究』一～二部（淡交社、一九八一年）。

守屋　毅『お茶のきた道』（NHKブックス、一九八一年）。

大石貞男『日本茶業発達史』（農山漁村文化協会、一九八三年）。

周　達生『お茶の文化誌——その民族学的研究』（福武書店、一九八七年）。

布目潮渢『緑芽十片——歴史にみる中国の喫茶文化』（岩波書店、一九八九年）。

中村羊一郎『茶の民俗学』（名著出版、一九九二年）。

宮川金二郎編『日本の後発酵茶』（さんえい出版、一九九四年）。

佐々木高明『日本文化の多重構造』（小学館、一九九七年）。

『季刊　植物と文化』第九号〈特集　日本茶のすべて〉（八坂書房、一九七三年夏号）。

『朝日くらしの風土記——くつろぎの茶』（朝日新聞社、一九八二年）。

『全集　日本の食文化』第六巻（和菓子・茶・酒）（雄山閣出版、一九九六年）。

『CD－ROM版　日本の食生活全集』（農山漁村文化協会、一九九七年）。

あとがき

茶の原産地は中国雲南省あたりではないかという見解が、ほぼ主流となっている。茶は植物分類ではカメリア属に入り、ツバキやサザンカと同じ仲間である。同地域には多様なカメリア属が見られ、またとくに雲南省西南部には茶の巨木もたくさんあると報告されている。

私もその何本かを実際にみる機会があったが、日本の茶園からは想像もできない巨大な木であった。中でも、中国人研究者の間では野生種と栽培種の中間と評価されている邦崴の「千年古茶樹」を遠望した時の感激は忘れられない。菜の花畑の向こうに、周囲を圧してスックと立っている姿からは、神々しささえ感じられた。地元の人々は、かつてこの巨木に線香を供えて茶の豊作を祈ったものだという。

しかし、原産地をめぐる議論とともに、植物としての茶を、誰が、いつ、どこで食の一環に取り込んだのかについては、別に追求すべきであるという主張がある。これについては、もちろん雲南省からというものや、四川省のあたりから始まったという見解の他に、松下智氏が主張するように、現在は少数民族とされている瑤《ヤオ》族が最初の利用者ではなかったか、という意見もある。これは茶といえば漢文化、あるいは原産地すなわち利用開始の場所という短絡的な見方に対する批判でもあり、おおいに参考にすべき見解である。また、多様な利用法のうち、どれが最初に採用されたのか、あるいは製法の中ではどれがいちばん古いのか、についても現在のところ定説はない。

それに、まだ一つ大きな疑問が残されたままだ。誰もが知りたいと思っている日本における茶の起源である。それについては、茶の日本自生説と移入説とが並立しており、結論的にいえばまだ決着がついていない。両者の論拠をごく簡単にいうと、まず自生説では、西南日本の山間部に生えているヤマチャは、照葉樹林帯の一部としてもともと日本にあったものである。ただし、その利用法を日本人が独自に開発したのか、あるいは列島外から来た人に教わったものなのかは別だ、ということになる。それに対して、茶は陽光を必要としており、照葉樹林が繁っている中では成長できない。また、ヤマチャとはいうが、その近辺には必ず人間が生活した痕跡があるから、ヤマチャとはいっても実際は栽培種のエスケープなのだというのが、移入説である。もちろんこれらとともに、植物学的な比較論もあるが、双方ともに決定打とはなっていないようだ。

なお、さきにミアンと茗の対比を問題にしたが、日本においては茶という植物はどこに行っても中国音と同じくチャと呼ばれており、茶をさす独自の日本語、すなわちヤマトコトバがない。これは明らかに外来文化の流入によってもたらされたもの、という解釈につながる。私も現在のところはヤマチャ自生説には懐疑的である。その理由は、前出の根拠のほかに、利用法があまりにも東アジア各地と似ているという点にある。

そうなると、今度は茶がはじめて日本に入ったのはいつか、という新しい疑問が生まれる。それについても、非常に早い段階で照葉樹林文化の一部として日本に入ってきたという説から、平安時代に来た茶はいったん途絶え、あらためて栄西以降に拡大したという説までがある。私は、平安時代の記録以前から日本に入っていたと考えているが、その一つの根拠は米と茶の相性の良さである。弥生文化の一部に茶が含まれるとまでは言えないにしろ、かなり早い時期に茶と米とがセットで持ち込まれた可能性があるのではないか。それが急速に山の暮らしにも採用されて、ヤマチャのもとになったのではないかと、想像している。

しかし、この日本流入を早い時期におく想定にも大きな弱点がある。考古学的な茶の発掘例には確実なものがまだなく、最近非常に進んだ花粉分析の結果からも茶の存在は証明されていないのである。あれこれ突き合わせてみても、いちばん知りたい問題はいまだ未解決なのだ。今後は、遺伝子レベルでの比較研究の進展も期待できるが、そうなればなったで、思わぬ反論も出てこよう。これらの問題は、知的遊戯として十分に楽しめる、といったら、お茶に対して失礼だろうか。

ところで、最近、茶栽培の過程における窒素肥料の過剰投与が大きな問題になっている。茶業だけの問題ではないが、商品として生産される以上、少しでも高く売れる物を作ろうとするのは当たり前である。以前は、お茶の味をよくするには人糞尿が一番、といわれていたのであるが、それは時代が許さない。結果としての過剰投与はかんじんの茶の根を腐らせ、周辺の水質汚染につながる危険性をはらんでいる。茶の生産が、ひとり茶生産者の内部だけにとどまらず、周辺の環境への影響をも考慮しながら進められなければならない時代なのである。

また商品としての茶生産、すなわち、均質性、美麗な外観、公約数的な意味での美味なものの生産→高価格での販売、という戦略は、旧来の番茶作りと真っ向から対立する。たとえば、幕末から明治期にかけて商品としての茶生産に全力をあげて邁進した静岡県の場合、茶業取締所が結成され、番茶の混入を見張り、静岡茶の品質維持に大きな成果をあげた。その結果、粗放な番茶は一斉に駆逐されてしまい、現在では伝承すらほとんどない。これは茶産地としてはまったく無名な所で、昔ながらの番茶が作られていることと表裏の関係にある。しかし、そういう番茶産地の多くでは過疎化が進み、特色ある番茶は急速に消滅しつつある。本書記載の番茶やその利用法が、最後の記録になってしまわぬことを祈るばかりである。

現在、食べるお茶、という言葉が流行している。茶葉そのものをどうしたら美味しく食べられるか、直接料理したり、お菓子やソーセージに混ぜたり、振りかけにするなど、いろいろな試みがなされている。しかし、浸出液を飲む、あるいは調理に使うという方法は、長年にわたってさまざまな用途の中から日本人が選びとったものである。いわば年季が入っている。食べるお茶の普及には、もう一工夫必要なのではないだろうか。

茶は健康にも深く関わっている。とくに緑茶に多く含まれるカテキンの機能が注目され、抽出した成分が多方面に利用されはじめている。テアニンやカフェインなどの役割も重要である。

こうした茶をめぐる諸問題をみると、ここらあたりで各分野で独自に行われてきた茶に対する研究を総合し、人間と茶との関わりを多面的に考察することが不可欠になってきたといえよう。平成八年十月、静岡県掛川市において開かれた「茶の文化と効能国際シンポジウム」は、化学・植物・人文・食品などさまざまな分野から茶に迫ろうという試みであった。私も企画に関わった一人として、この動きが加速されるよう努力していきたい。

ところで、私は静岡生まれの静岡育ちである。静岡でお茶といえば、最適の主題だと思われがちだが、お茶の古い姿を求めるには、静岡県は決して良好なフィールドではなかった。さきにも述べたように、茶の商品化が進むにつれ、貴重な情報を満載していたはずの在来の製茶法や利用法がほとんど消滅していたからである。結果として調査の足は全国に伸び、とうとう国外にまではみ出してしまった。その間、数えきれない方々の御好意に出会った。とくにミャンマーでの調査でお世話になり続けている松室将幸氏はじめ、関係の皆様に深く感謝したい。

最後に、本歴史文化ライブラリーに執筆を勧めてくださった宮田登先生および編集にあたられた大岩由明・重田秀樹両氏にあつく御礼申し上げます。

平成十年三月

中村羊一郎

著者紹介

一九四三年、静岡県生まれ

一九六五年、東京教育大学文学部史学科卒業

現在静岡県立吉田高等学校校長

主要著書

茶の民俗学　静岡県海の民俗誌〈共著〉　手揉み製茶技術の伝播と地域産業の発展―宇治製法を中心に―(『斎田茶文化振興財団紀要』第三集)

歴史文化ライブラリー

46

番茶と日本人

一九九八年八月一日　第一刷発行

著　者　中《なか》村《むら》羊《よう》一《いち》郎《ろう》

発行者　吉川圭三

発行所　株式会社 吉川弘文館

東京都文京区本郷七丁目二番八号

郵便番号一一三―〇〇三三

電話〇三―三八一三―九一五一〈代表〉

振替口座〇〇一〇〇―五―二四四

印刷＝平文社　製本＝ナショナル製本

装幀＝山崎　登（日本デザインセンター）

歴史文化ライブラリー

1996.10

刊行のことば

現今の日本および国際社会は、さまざまな面で大変動の時代を迎えておりますが、近づきつつある二十一世紀は人類史の到達点として、物質的な繁栄のみならず文化や自然・社会環境を謳歌できる平和な社会でなければなりません。しかしながら高度成長・技術革新にともなう急激な変貌は「自己本位な刹那主義」の風潮を生みだし、先人が築いてきた歴史や文化に学ぶ余裕もなく、いまだ明るい人類の将来が展望できていないようにも見えます。このような状況を踏まえ、よりよい二十一世紀社会を築くために、人類誕生から現在に至る「人類の遺産・教訓」としてのあらゆる分野の歴史と文化を「歴史文化ライブラリー」として刊行することといたしました。

小社は、安政四年(一八五七)の創業以来、一貫して歴史学を中心とした専門出版社として書籍を刊行しつづけてまいりました。その経験を生かし、学問成果にもとづいた本叢書を刊行し社会的要請に応えて行きたいと考えております。

現代は、マスメディアが発達した高度情報化社会といわれますが、私どもはあくまでも活字を主体とした出版こそ、ものの本質を考える基礎と信じ、本叢書をとおして社会に訴えてまいりたいと思います。これから生まれでる一冊一冊が、それぞれの読者を知的冒険の旅へと誘い、希望に満ちた人類の未来を構築する糧となれば幸いです。

吉川弘文館

〈オンデマンド版〉
番茶と日本人

On Demand
歴史文化ライブラリー
46

2017年（平成29）10月1日　発行

著　者　中《なか》村《むら》羊《よう》一《いち》郎《ろう》
発行者　吉　川　道　郎
発行所　株式会社　吉川弘文館
〒113-0033　東京都文京区本郷7丁目2番8号
TEL　03-3813-9151〈代表〉
URL　http://www.yoshikawa-k.co.jp/

印刷・製本　大日本印刷株式会社
装　幀　清水良洋・宮崎萌美

中村羊一郎（1943～）

ISBN978-4-642-75446-0